本专著受上海市
教师专业发展工程领导小组办公室资助

我的语文故事

MY CHINESE LEARNING STORY

杜虹——著

Author - Du Hong

上海科学技术文献出版社
Shanghai Scientific and Technological Literature Press

图书在版编目（CIP）数据

我的语文故事 / 杜虹著．—上海：上海科学技术文献出版社，2017
ISBN 978-7-5439-7401-2

Ⅰ．① 我…　Ⅱ．①杜…　Ⅲ．①中学语文课—教学研究　Ⅳ．① G633.302

中国版本图书馆 CIP 数据核字 (2017) 第 110860 号

责任编辑：张　树　苏密娅
封面设计：周　婧

我的语文故事
杜　虹　著
出版发行：上海科学技术文献出版社
地　　址：上海市长乐路 746 号
邮政编码：200040
经　　销：全国新华书店
印　　刷：常熟市人民印刷有限公司
开　　本：720×1000　1/16
印　　张：14.75
字　　数：210 000
版　　次：2017 年 7 月第 1 版　2017 年 7 月第 1 次印刷
书　　号：ISBN 978-7-5439-7401-2
定　　价：30.00 元
http://www.sstlp.com

前　言

从事语文教学已经二十六年，一直感觉自己对课堂现场非常有兴趣，那一幕幕的细节总是呈现在眼前，一直想记录下来。好在自己一直坚持做“课后记”，把课堂上出现的一些有意思的细节记录下来，现在翻翻，感觉还历历在目。

其实，自己对教育教学的理解、学科发展、自己的教学成长，也都在课堂上呈现。毋庸置疑，只有走进课堂，才可能发现问题。我个人缺乏深入研究的能力，但在教学中，却颇有一番精彩。可以不谦虚地说，我的课堂是有生命力的。

通过“讲述”的方式，还原教学现场，探讨如何利用学科教学，帮助学生发现自己，帮助学生通过汉字，走向文学、走向文化，逐渐形成自己的判断，这是我希望这本书所展示的。

目 录

序
天然一曲见真淳
——为杜虹老师《我的语文故事》序
黄玉峰

写书，出书，对于基础教育的老师来说，曾经是可望而不可即的事。可如今不同了，我们已从“述而不作”的时代进入了“万众创新”的时代。拥有自己著作的中小学教师越来越多。最近半年来，我就为四位中小学语文教育界的新秀写了序。

然而，书的数量多了，有价值的有思想的作品却并不多。那些书大多是借得教育名家的只言片语，加以演绎，把自己的“经验”往上靠，再配上几条西方教育理论，于是一个庞大深奥的体系便构成了。且动辄几十万言，让我辈如坠云雾中。

杜虹老师的这本书则不同。从书名就可知，她要讲的不是“理论”，而是“故事”，她真实又细腻地写下了自己在语文教育中的一桩桩故事。既然是“故事”，读起来自然是有趣生动、鲜活动人的。她不强迫你接受什么理论，至于从里面能得到什么，读者诸君尽可以根据自己的教学经验、人生阅历，自己去体会。我是一个喜欢听故事的人。我觉得故事虽然看似没有什么理论，读起来却反而有所得。

何况杜老师的这些“故事”，都不是自己一个人演绎的，其中选录了很多学生的作品和心声。有的文笔优美，有的稚拙可爱。杜老师说，她不舍得删改，就这样留着，让读者自己去挖掘，于是更多了一分可贵的“真”。这些文字仿佛一面面最纯净明亮的镜子，照出了杜老师作为一个语文教育者的形象。

比如，当有学生对老师的教育方式不理解，将一份带刺的“怨书”夹入作业交上来时，杜老师没有辩解，更没有把该生抓到办公室“谈心”。而是和学生一起写作文，写了《请允许老师慢慢成熟》一文，请学生评分，学生只给老师打了一个“良”，心结却就此烟消云散；有位预备班的男孩，拒绝写《寻找春天》，他固执地认为“天气还很冷，哪有什么春天的消息”，结果交了白卷。杜老师没有批评他，反而表扬他率真，并发动了一次“在校园里寻找春天”的游戏，全班在午休的一小时里找到了无数细微的不为人察觉的初春信息，使那位以为春天还很遥远的同学心服口服。

还有位高中女孩，对杜老师产生了女儿对母亲一般的依恋，称杜老师为自己的“启蒙老师”，把自己精心制作的摘抄本作为礼物相赠，杜老师小心地克制着自己，不流露出明显的偏爱，但“我的才女”这样带着宠溺的称呼，还是让人读来心潮澎湃。

从诸多故事里，我们看到学生无比信任杜老师，也看到杜老师对学生的信任和坦诚。当事业上遇到挫折，她能够坦然地告诉学生自己的不甘和痛苦；甚至大胆地告诉学生，读《飘》的时候，自己就是做着“斯佳丽”那般的公主梦。学生给予了这位率真的老师最大程度的喜爱和支持，也通过她感受到了她所教的那些文本中所包含的真感情。

语文，在杜老师这里，不仅仅是一门要教授的“学科”，更是容纳这种真挚纯诚的师生情感的最深厚的港湾。陈日亮老师有句名言：“我即语文。”而在杜老师那里，可以改为师生情即语文。

我和杜虹老师的第一次相遇，还是6年前的事。当时我和黄荣华老师共同主持一个文科基地，在上海中教界挑选学员，报我们的基地的人不少。我当时有一种成见，希望多招一点男教师，以为女教师总会因为各种原因，在创新研究、大胆突破方面，多少有一点不足。15个名额中，我们只录取了4名女教师。但是，正是因为这种偏颇，提高了女教师的录取门槛，使得最终被录取的，都是“身手不凡”的骨干。杜虹老师就是其中的一位。

面试时，我们第一眼就看中了这位来自金山的中年教师：口齿清楚，有磁性，眼神中有须眉的刚强；看她写的字，也有丈夫气，大手大脚。问她对某篇文章的理解，能大开大合。对于今天教学考试的旧习，她能够勇于发表自己不同的意见，没有一般女教师的那种小心翼翼，生怕考官不录取她。我与荣华最终录取了她，成为我们基地班的“四美”之一。

然而真正了解她，还是在我们基地班正式开展活动之后。

有几件事，给我的印象很深。一次是黄荣华老师请她做作文讲评。到前一天，才把整班的作文本交给她，请她批改。不料她第二天讲评居然是那样的精彩。她似乎对每个同学的作文都如数家珍，从每个同学文章的立意、文章框架到文笔语言进行分析，鞭辟入里。讲台上的她，似乎把学生的每一篇文章都装在胸中，令我自愧不如，自问即使给我三五天也未必能做到。看着讲台上的她展示如此惊人的能力，当时我脑中浮现出“女中豪杰”四个字。

第二件事情，是我们一起去台湾与明道中学交流。一路上，车厢就是我们的讨论会场。我们的基地学员和程红兵的基地学员坐在一辆车上，讨论一些教育问题，意见有所不同，各方唇枪舌剑。而杜老师的论辩，词清声脆，滔滔不绝，引来了大家惊异的眼光。后来我们访问胡适故居，在回来的路上，她谈自己参观的体会，情真意切，让听者动容。

2015 年，命运把我放到青浦淀山湖畔的复旦五浦汇实验学校，我首先想到的，就是把她调过来。虽然因为年龄方面的原因，在调动中受到阻力，但终于还是成功了。来到青浦，她全身心扑在教学上，把家都搬过来。如今，她已经成为复旦附中青浦分校语文教学的“顶梁柱”。

听说杜老师要出书了，我很高兴。这是很好的开头。因为是处女作，自然不免有不完善的地方。我期待她在此基础上，再加凝练，不断提升，不久的将来能够拜读她更精彩的篇章。“叙述教学故事”这样的体裁，可以成为意蕴深刻、耐咀嚼的好文章，它的价值不亚于那些鸿篇巨著。我的好朋友王栋生老师在这方面就有很优秀的作品，他的《课堂上究竟发生了什么》《不跪着教书》《致青年教师》，受到教师们普遍的欢迎。他的作品，没有高大上的宏大叙事，只是把所经历的点点滴滴的小事记下来，却给人以启示、震惊。青年教师不妨学学王老师，也学学杜老师，尤其是新教师，养成写“教后”的习惯，不断记录自己的教育反思。若能坚持，假以时日，必然卓然有成。

而今，教育界的雾霾越来越严重。应试教育恶化为应赛教育。教育几乎走上了一辆疯狂的列车，往背离了教育正道的方向奔驰。老师、家长、学生……整个社会都被绑架！然而，“真的教育”的微光依然在闪烁，杜老师的书就是这教育雾霾中的一点小小的微光。我希望这样的“微光”越来越多！

末了，作小诗一首，以为结语：

杏坛郁郁雾霾深，伪饰虚高负荷沉。

幸有痴情赤子在，天然一曲见真淳！

壹

我的追求：
成为思考着的语文教师

1 越教越发现自己太浅

【引言】

在基础教育领域，最难做好的是语文老师。这是一个可以让自己非常幸福，又会让自己非常寂寞，甚至痛苦的行当。谁都可以这样问：你是语文老师，肯定学富五车，擅长琴棋书画吧。你无法辩解：对不起，我只是一个教书匠，我的书法尚在入门阶段，四书五经我还在读。

【案例、反思】

1989年9月的一天，我拿着语文书，忐忑地站在嘉峪关酒泉钢铁公司第一中学一个班级的门口，准备进去上我人生中的第一堂语文课。那之前，我始终不愿意接受成为一名教师的可能，依然挣扎地做着我的律师梦。

八十几位同学实习授课结束后，我却得到了这样一个通知：你，实习教学第一名，酒钢一中校方对你有兴趣，欢迎来这里工作。当时，第二名的同学特别激动，不停地笑着，可我，却一脸的茫然。

就这样，一年后，我走进了一所有四十年历史的完全中学，无法逃避地成为一名语文老师。正在我依然想与“命运”挣扎的时候，上班第一天，一个残酷的事实摆在我的前面：新的年级五个班级，三位老班主任，另外两位就是我和另一名新手，据说分班后，几乎所有有办法的家长，都把自己的孩子弄到前三位老师那里，原因很简单，我们没有经验。面对各种善意的暗示，我表面上很镇静，其实心里非常别扭。回到家里，非常善于做思想工作，一直逼迫我当老师的母亲，似乎终于找到了说服我的机会，只扔给我一句话：

好好干，让他们后悔去。

那三年，其实始终没有弄明白什么是语文，应该怎么教。跨年级的两个班，教学任务很重，我几乎把自己所有的业余时间都用在备课上了，那时候的教参很简单，也没有现在的网络，找资料很难。我只能一遍一遍地读教材，因为教初一、初二两个年级，教材是按照体裁安排单元的，所以，虽然选文不同，但文体相同。在家里，我就反复朗读，琢磨两个学段教学侧重的不同和文体的共同点，总是觉得两个年级的课多少应该上得不一样。就这么一些极简单的想法，用各种我自己能够想到的方式教着语文。我把学生的作文贴到教室周围，成语接龙，对对联，猜灯谜，是我们经常玩的游戏，学校后面有一座小山，是石化企业的主题公园，我周末下午常常带着学生去爬山，我们爬到山顶，就开始小组背诵比赛，背诗歌，背古文（我还让学生背我认为经典的议论文），“卡住”了的小组回到山脚再上来，锻炼了身体，锻炼了大声朗读（声音小，在山上听不见），增加了积累。这么多年过去了，还似乎能听见震耳欲聋的叫喊声。现在想一想，也不知道哪来的那么大劲头，反正，折腾自己，折腾学生。朗诵比赛，演讲比赛，班级手抄报，个人作品集，课本剧表演，我们总是很忙，家长知道孩子喜欢我，但其实很担心，成绩能好吗？好在，折腾了三年，有过低谷，但中考年级第一的消息，让我周围很多的人很诧异，这一次，我没有茫然。

这三年，其实是我工作热情最旺盛的三年。在语文课堂上，逐渐发现，我的许多不起眼的能力，成了宝贵的教学资源。我的朗读有些感染力，我很会鼓励学生，我对教材的解读有时候比较独特，我心里的花样，权且叫方法很多。其实现在想一想，我的语文课是把“教材—学生—老师”融合在了一起。就这样，三年，有了优异的考试成绩，有了两次教学大奖赛的成功，有了好的口碑，我开始走上了高中教学岗位。其间，也有很遗憾的事情，那个和我一起分来的语文老师，只干了一年，就下海了，去深圳，后来听说成了一名全职太太。我感觉很遗憾，她的诗歌教学很有特色，我也学到了很多，但，人各有志。

担任高中教学，我非常紧张，记得第一节课，我就告诉学生，我只读了一个师专，我不是一个曾经的好学生，所以我必须和你们一起学习。我现在思考，一个教师以“学”的姿态去“教”，是最恰当的角度。这个姿态，会去除职业化的僵硬，去除与学生的隔阂。这三年，我以优异的成绩完成了本科学习，所有的假期都用来读书了。在西北师大，我遇到了一位好老师，他对我的影响非常大。霍叙东教授教我们先秦文学，第一节课，他用浓烈的山东方言背诵了一遍《离骚》，手背在后面，边走边背，最让我们终生难忘的是，他背着背着，哽咽了，落泪了。当时我们很迷惑，也很震撼。那一刻，我开始明白什么是真正的好老师。之后，我们成为忘年交，他坎坷的经历，坚守的人格，广博的学识，成为我的偶像。他多次明确地对我说：教师，最适合你。

既然大师都说教师最适合我，那我就更要踏踏实实地教书了。从那以后，律师的梦想只是偶尔冒出来，好在，已经有好几个学生替我在完成着它。

教师虽然面对的是不同的学生，但如果你的教学总是那么几招，自己都会感觉厌倦。“让我的课堂更有生命力”一直成为我的教学追求，而且从许多老先生身上我看到了：一个优秀的教师，他本身就是一本活教材。我那个学校有好几位“文革”期间下放的好教师，其中一位姓李的女教师，“文革”时被学生打断了腰，身体靠钢板支撑着，她的地理课那真叫一绝，她的第一节课就是用手头的纸张，变戏法似的教学生拼出中国地图，我常常去蹭课；我们的会计，北师大毕业，古文功底极深，成为我最好的备课资源，他还教会了我做班级的账目；语文组长邹老师，是学校唯一允许坐着上课的老师，他上语文课基本不看教材，一次上《项羽本纪》连着两个小时，我们全都忘记了吃饭时间，很幸运，他是我的指导老师，极其严格。他听了我的几次课后，说我的口头禅“是不是”出现太多，不但影响授课，而且说明我的提问都是当摆设的浅问题。话说得很重，我很难过，于是求助朋友，找来摄像机，把我的课拍下来，回家一点一点回放，这才服气了，明白老师说到了要害。那以后，对自己的课进行回放观察也成为我认为最有效的改进方法，我家的第一台摄像机也因此而诞生。我在他手下五年，他只表扬了我两次，我牢牢地记在了心里。和我们现在的黄玉峰老师一样，这些老先生，都是有真本事，有丰富阅历，却固执地热爱着教育的真正的大师。我最大的幸运，就是遇到他们。

2000年，我凭借“兰州市教学新秀”的荣誉，从兰州来到上海，来到一个完全陌生的繁华都市的远郊，在许多的变化中坚持着我的不变。刚到上海，我抱着学习的态度，作为国内经济、文化前沿的上海，教育水平也一定很高。所以学习是我的首要任务，但在学的同时，我始终在发现，在思考。上海语文教材内容丰富，贴近生活，但编排逻辑不够明确，造成了授课的随意性。同时，这里的学生面对的“诱惑”比较多，踏实读书的风气不浓，积累不够。2002年，我针对当时学生痴迷网络的现状，在校园网上，开辟了一个“走进经典”的论坛，带领所教班级的学生，让学生自己寻找阅读主题，开设了“金庸武打”“走近鲁迅”“丰子恺”几个主题，学生通过自主阅读，在论坛上发表自己的看法，提出自己的问题，我作为一分子参与其中。我们经过讨论决定用实名（据我的学生评价，这个做法很超前），慢慢地，论坛人气开始旺了，很多其他班级学生、老师都加入其中。同时，我也开始思考，如何利用网络资源改进我们的课堂教学。由于自己的努力，取得了一些成就，金山区还组织了一次“大语文教学论坛”，请来了许多专家，我的教学演示得到了肯定，在区内也小有了点名气。其实做这件事，非常占用自己的业余时间，学生随时希望在我们的论坛上看到老师的身影，那里，成为我的又一个工作场地。实践过程中，我收获很多，无论从学科教学上，还是德育上，都使自己更加走近学生。会发现他们有丰富的思想，有旺盛的求知欲。他们在论坛上发的许多帖子，都成为我和其他语文老师讲课的内容，甚至命题的依据。后来我把这些实践整理出来发表后，得到了很多同行的鼓励。这，也算我来到上海后的一点成就。

教育永远不可能独立于社会之外，我工作的这二十几年，国家经济突飞猛进，但教育上面临的问题也日渐凸显。学生负担越来越重，教育的功利性也越来越强。语文，是需要积累，需要渗透，需要咬文嚼字的学科，随着学生自主读书时间的不断被压缩，读书意识越来越淡，有的家长、老师，甚至学生认为只有分数才可以衡量是否该做这件事，这样一来，语文到底该教什么，该怎么教，成为一个问题。课堂活跃，教学有特色，但考试成绩，特别是平均分如果不出色，会受到各种质疑。作为母语，语文本身存在着运用的广泛性和等级区分模糊性的矛盾，一张试卷就可以分出语文能力的优劣吗？语文课除了教授知识，更重要的应该是培养有审美情趣的人，但，这一点又如何通过考试来体现呢？这些，都是摆在我们面前的问题。所以，走进不惑之年的我，却有更多的迷惑了。但我知道，这不意味着退步。

无论接下来有多难，对语文的热爱不变，对学生的热情不变。这些年，我先后独立开设过《经典影视欣赏》《走进鲁迅小说》《金庸的武打世界》等拓展课程，创立了上师大二附中“海韵朗诵社”，教课之余，兼任着“文学社”辅导教师，我坚持着在学校举办教师学生读书活动。同时，我也趣味横生地研究着高考试题，并逐渐发现其中的门道。我非常有自知之明，我绝对不会成为有自己学术思想的名师，但我始终提醒自己：通过“听说读写”拓宽学生的思路，让学生成为一名有情感的健全的人，有阅读的需求，有辨别能力，有表达自己的能力，这，是语文教学的基本要求。我们应该帮助学生取得好分数，但不能只为了取得好分数，这，是我教育的底线。

2006 年，高二分班时，一个年级最差的学生找到了我，让我的历史班收下他。一年半后，这个厌学、狂热地迷恋武打小说的学生考上了山西一所大学的中文系。我的做法很简单，把他写的武打小说通过各种渠道发表，让他在语文课堂上替我分析小说中的人物形象，因为我发现他的分析、评价能力特别强。让他极大地得到前所未有的尊重后，告诉他：你不上中文系，太可惜。就这样，不同的机缘巧合，他上了原本不可能上的中文系，我成为我原本不想当的语文老师。

这些年，也获得了很多荣誉，但最让我自豪的，是一位不知名的学生在学校贴吧上的一句话：杜虹，改变了我们许多人对人生的看法，她是个好老师。

但，这些都掩盖不了自己内心的恐惧。我，是一个语文老师。我能写一笔好字吗？我能把《论语》背下来吗？我能洋洋洒洒地写出文章吗？我能够用最简单的话语解释王安石与苏轼诗歌的不同风格吗？我能吗？

我常常不由自主地这样问自己，朋友说：阿杜，何必呢，咱不就是一个语文老师吗？学生很喜欢你的课，已经不错了，何必自寻烦恼？

的确，自寻烦恼。

我高中的语文张老师，现在应该已将近八十岁了，他读过私塾，有童子功，给我们的作文评语，被我们当作书法珍藏。20 世纪 80 年代，有几个男生留起了长发（其实只是鬓角长一点），张老师看不惯，上着上着课，就对着那几个人叹气，后来，竟然拿来了全套的理发用具，结果是几个帅哥投降，乖乖地剪去“小马哥”的头发。我现在的黄玉峰老师，自称没有童子功，却饱读诗书，出口成章，书法已经形成风格。他的学生，练字、读书、写作，完全是在老师的个人魅力感染下静悄悄地进行着。一次，一位作家在黄老师班级做讲座，我对旁边的学生讲，“今天请的人很有名”，那个学生回我一句，“我们黄老师也很有名”。

这些，我都没有。1968 年出生，还算幸运，没有成为红卫兵小将，没有上山插队，一切平平淡淡。在未实行计划生育时出生，多子家庭中的我们，没有得到爸妈过度的关注，几乎是被散养的。上高中了，才发现自己的父母都是干部，孩子不能接班，心里实在恼火，只能看着许多同学走进各种工厂，而自己只能继续上学。勉勉强强，还算上天照应，考了一个三流大学，碰巧上了中文系，读了一些书，主要是小说，看了很多电影，也写了一些非常青春的文字。几年后，登上了中学课堂，成为语文教师，接下来，大多数阅读内容是教材。一路走来，怕学生瞧不起，拼命读书；怕女儿瞧不上，拼命读书。但，依然很浅，浅陋，浅薄。

却混在了讲台上，一混就是二十六年。

去年，我调入了新办的复旦附中青浦分校，这是一所书院制、导师制的寄宿高中。我的导师黄玉峰先生成为我们学校的学术导师，在这里，我们想从课程、教材、考试等方面追根溯源，去探求语文教学的最佳状态，让这里走出来的学生“博学而笃志，切问而近思”，一切，才刚刚开始。

昨天，要讲《阿房宫赋》，早早起来，从家里到学校，有20分钟的路程，边走边背，到办公室，已经很熟了，但这只是备课的第一步，把文本熟练地储存起来。第二步，把通过搜索得来的资料、写作背景、评价再次梳理出来，提炼成一个主问题。第三步，利用早读，搜集整理学生自读提问。然后，这节课从学生的问题开始，尽可能带着学生把文章背下来，边读边体会文章的写作目的、行文逻辑、赋的形式美。课堂结束时，可能一个新的问题会产生了，师生继续思考、研究。

这，可能是我目前上课的状态，因为越教越发现自己太浅，不能满足于自己的那点东西，我始终愿意以一个学习者的身份，参与语文课堂。

2 我的“自留地”

【引言】

一位优秀的老师，必须有自己的“绝活”，必须有一种工匠精神，精雕细琢，否则，只能对着答案使人之昏昏，这不是我的追求。我经常问自己，学生毕业的时候，会记住杜老师什么？

【案例】

“阅读教学中要培养学生勤于积累、善于积累的良好习惯。青春年少，记忆力旺盛，多诵读古代诗词和文言文，背诵一定数量的名篇，就可有文化底气，为继续学习、提高素养打下坚实的基础。该背诵的要一丝不苟地背诵，不可马虎。过去我们的语文教学重分析、轻积累，教训应该吸取。腹中空空，文化底蕴必然不足，语言必然干瘪无味啊！”

“读，不能局限于课内，更要注意得益于课外。如果说，课内的读是点，那么课外的广泛阅读才能构成一定的知识面。教师要善于从课内延伸到课外，激发学生博览的兴趣，要经常推荐文艺作品、科技读物，对报章杂志上的时文进行评价，举办读书会、读书经验交流会，指导书刊的购买与阅读，做读书摘记和阅读卡。”

看到于漪老师《给语文教学加点钙》中的这几句话，触动了自己最近一直在纠结的一个问题——语文教学应该干什么。就此，谈点自己的真实想法，也算一种思考的积累。

其实，我非常羡慕于老师，羡慕于老师的学生，于老师的那个时代。我也非常留恋自己刚工作的那几年。只是因为一个非常幼稚的理由：我们可以慢慢地教书。曾经，我班级学生的读书卡、摘抄笔记本、作文个人档案册成为年轻的我炫耀的资本，也成为班级成绩的保证。那时候，我并没有多想这样做的目的，只是因为自己始终认为不读书怎么能够学好语文？1990年开始工作的我，感觉这肯定不是一个值得怀疑的问题。今天，突然冲动地想问自己（其实，想问的人很多），阅读积累的确需要，但你能够坚持下来吗？语文到底该教些什么？

其实，读书原本是自己的事情。想起自己小的时候，趁母亲外出，站在板凳上，从很高的大衣柜上偷母亲的宝贝藏书，躲在被窝里，温暖如春，且为此常常得贿赂两个妹妹，因为没有人帮忙，看完的书无法放回去。就这样，多读了几本书，可以在语文课堂“显摆”而得到同学赞赏时，真有点林黛玉对联泄“西厢”的忐忑和窃喜。记得为了能够连续阅读《译林》杂志，不得不忍受借书者的“折磨”，甚至为一个男生偷过父亲的香烟。之所以这样痴迷，除了喜欢之外，不得不承认，语文老师的鼓励，绝对是主要原因。我高中的语文张老师，是一位古文功底极强，经历坎坷的老先生。他要求我们的作文一定要有想法，要有支持想法的材料，要有“藏货”（用他的山东方言说这两个字，特别有味道），否则，就残酷地当众退稿。所以两周一次的作文讲评课，大家是非常紧张的。当我的一篇作文由于引用了《围炉夜话》，得到好评，在全班朗读时，可以说那是我最幸福的时刻。现在那篇文章内容早已经忘记，但老师的一句评语“有东西，不错”却记住了。高三时，似乎也没有做那么多试卷，而是依然如故地“听，说，读，写”。还有一个细节记忆犹新，能够在张老师课堂“领读”一个段落的学生肯定是骄傲的，所以我们常常希望课文长一点。为此，大家下课拼命读，拼命查字典，制造琅琅读书声，到现在，那由不同学生，不同腔调读出的《天山景物记》依然回响在耳边。

我以为，这，就是积累。

从开始教书，我就牢固地认同着张老师的做法。二十多年过去了，从兰州教到上海，这一点坚持没有变。但是，这样坚持的困难开始大了起来，甚至遭到的质疑多了起来（很多质疑来源于本学科老师和领导）：你这样做太浪费时间了，学生都去读书了，其他学科怎么办？你这样做能提高分数吗？似乎你也没有比别人多出几分？雷声不大，但威力不小。

但我坚持着，刚工作时，勇气来源于学生的绝对支持，中期勇气来源于成绩，现在，能够这样坚持，只因为自己是一个有些业绩的小小“名师”，脸皮厚了而已。但我实在知道，这种坚持已经开始打折了，尴尬地打着折扣。刚刚过去的高三，我教了一年的两个班级，以微弱差距名列倒数二三，对我的这种质疑更加猛烈了。

我的每一节课前有学生“我的推荐”，学生自由选择，讲一个汉字，一个作家，一篇文章，一本书，一首歌，一部影视作品。这样做不只是关乎语文，也不是为了热闹。记得一次上海语文掌门人步根海老师来检查教学，我代表学校上课，我依然按照顺序请同学推荐，那次恰好轮到胆子非常小的富伟，他知道轮到自己时有人听课，特别紧张，主动提出换一个好学生。我只告诉他“照常发挥”。结果他讲了一个有故事的汉字“biang”，下台的时候太紧张，差点摔倒。我知道他为了背下这个字书写的口诀一定下了功夫。除此之外，每周一次摘抄点评，两周一次班级交流，周一中午观看“大家”或学生推荐的视频资源（常常出乎我意料的精彩），并做简要记录，一周一次“随笔”，每周学生都要保证自己在语文课上有至少两次发言，古诗背诵一周一次，是背诗，而不是背“名句”。在接受一个新的班级前，我会给学生开出一张“书单”，组合出一个班级“袖珍图书馆”，班级至少订阅两份杂志。我坚持把语文积累放在平时，放在课外。让课堂成为大家交流，互动，碰撞，思考的场所。这样做了，成绩一时未必好，但不坚持这样做语文一定学不好。怎么办？希望自己能够像于老师那样坚持。虽然我的学生越来越弱，都是被多次筛选剩下的，却愿意傻头傻脑地跟着我搞这些“无用”的事，因为他们太厌倦没完没了的应试了。

现在，到了复旦附中青浦分校，我继续这样做，又开设了每月一次的“读书沙龙”，很受欢迎。写这篇文章时，恰好手边有一张照片，我坐在学校阅览室，周围地上坐着好几个学生，他们慵懒地散在那里，手里拿着一本书，津津有味。我，一个 48 岁的老文艺青年，满脸幸福。

这样的情景，又回来了。

也是最近，我在教高中第一册第六单元“明清古典小说”时，又任性了一回，《香菱学诗》满足不了学生对《红楼梦》的渴望，我偷偷地用了七个课时带着学生读《红楼梦》前 5 回，一字一字地读。还有 17 位学生和我，用半天时间誊抄了精彩的第五回，接下来，我知道，《红楼梦》会成为某几位学生的枕边藏书。这次的越轨行为，让我们兴奋了很久，好在，孩子们争气，没有因为这七节课影响成绩。

真喜欢这样。

【反思】

面对质疑，我愿意坚持，但面对学生“实在没有时间看书”的理由我非常困惑。我不可能给学生更多的课堂时间去让他们自由阅读，可是我明白只有整本书阅读，自主阅读才可能培养有真正独立思考能力的人。我也实在不忍心占用他们太多的课余时间。在一次暑假，几次家访下来，听得最多的是学生抱怨比上课还忙，家教课表挤满了他们的假期。摘抄只能是应付完成，甚至来个互相摘抄。原本准备看的书，很多被挤出了书桌。很多学生觉得对不起老师，我，也只能说：抽空，还是看看书吧。……

书，需要慢慢看，但我们的学生却没有时间。有家长想出了绝招：买一本《人的一生必须读的 100 本书》，让孩子看了，感觉对得起语文老师了，而且说出一个绝对有说服力的理由：老师，你的好心我们明白，但高考不考“看书”（这是 2009 年我的一个家长说出的心里话）。家长心安理得了，我，只好无语地笑笑。

课外挖掘余地少了，怎么办？只有，也必须向课堂要效率。但是，我们语文课不可太快、太花。必须挪出时间朗读，回味，交流，必须让学生去品味文学作品中最可贵的“意义空白处”。有的文章可以跳读，但有的文章，有的段落必须反复读。只有坚持，才会逐渐地熏陶着学生，培养着学生的审美观、价值观。而这种坚持，是为了语文、语文成绩，但更是为了一个人，一个人的成长。无论多么难，我们总是要做符合学科规律的事情，我们必须得有一块“自留地”。

一周的五节课，我一定拿出一节和学生一起学习《古文观止》，每两周布置一篇，每天请他们抽出 20 分钟阅读，然后用一节课交流。学生特别喜欢，但后来，一个原本和我一起做的老师说：你厉害，我放弃，因为学生不读。而我的学生大多数在坚持，因为他们认为不坚持对不起杜老师。对这个理由，我欢喜，也担忧。

看来，由于重读于老师的一本书，诱发了许多乱七八糟的想法，写出来，不算规则的读书笔记，但写出来心里轻松了许多，也明白自己真正要说的：耕耘自留地，我一定会坚持。

附录 我的课前“三分钟表达”，一直在坚持，这些是 2018 届学生最近两个月的记录：

（1）艾德·伍德和奥森·威尔斯

（2）杨永信应该受到制裁

（3）电竞事业与当今社会的发展

（4）不要以集体的名义剥夺个人的成就

（5）我看《局外人》

（6）朝鲜核战争的立场

（7）真正体现道德的不是行为，是动机

（8）我们不该施舍，但需要施舍

（9）我们不必对“主播”持有偏见

（10）先尊重生命，再寻找生命的意义

（11）知识与教养不一定成正比

（12）没有所谓的“自然人”

（13）透过表象看本质

（14）以积极心态对待拖延症

（15）网络暴力

（16）大学论文造假

（17）思考：你怎么想到的？

（18）震慑人心的往往是阴暗而不是光明——如何看待社会的黑暗？

（19）从鲍勃·迪伦获诺贝尔奖看音乐与文学的关系

（20）不能只读心灵鸡汤

（21）理性看待“女性权利”

（22）为了获得未来，我们不该忘记过去

（23）寻找自己

（24）现实主义没有我们想的那样不好

（25）出世和入世的对立统一

（26）我只是没有能力过我不想过的生活

（27）“二代”精神——我们的价值观应该被匡正

（28）谨慎用“过”

（29）古希腊“犬儒主义”与当代“犬儒主义”的区别

（30）舆论不再是一个纯粹的思想

（31）做自己想做的事

（32）研究名人不应该只从私生活入手

（33）做一个有思考的人

（34）读书是为了更有尊严地生存下去

（35）兴趣是学习的一种动力

（36）关注发展中国家的女性

（37）良好的心态是成功必不可少的要素之一

（38）“小聪明”有时亦是“大智慧”

（39）电视剧应该严格审查（所谓的抗日神剧）

3 信手拈来的快乐

【前言】

我一直非常喜欢这样一句话：没有人能够在生命面前趾高气扬。如果说自己的教师工作取得了一些成绩，也许就因为我始终提醒自己去理解这句话。昨夜打开“贴吧”，看到有个学生说我曾经教过他们，说“杜虹老师，改变了我们许多同学对人生的看法”，这个帖子，令我汗颜，我不知道这位学生是谁，但我明白他给了我身为教师最高的奖赏。

有媒体嘲笑每年高考送考的队伍，觉得有必要这样吗？有，他们不懂，那些穿着鲜红的衣服去送考的老师，只是希望用那亮丽的、象征吉祥的红色，为孩子们加油。对于一位真正热爱教育的人，能为学生做的，他们都愿意，他们都觉得值，只有身在其中，才明白那些信手拈来的快乐。

【案例】

教师是人，学生也是人。只有对学生心存敬畏的教师，才可能进入学生的心灵。所以，高高在上，趾高气扬，是教师的大戒。因为我们都是生命，才可能相互理解、尊重。2006 年被华东政法学院录取的庄云靖，感恩节发短信给我说：“没有老师的鼓励，我从没有想到自己能和这么多优秀的人在一起学习，谢谢老师，您让我们明白无论什么出身的孩子都有寻梦的资格。”其实，更多的时候，是学生让我感动，让我理解生活。2005 年年末，刚刚得知自己高级评审失败了，当时的我非常不能接受这个事实，要强的我又不愿意把痛苦向同事倾诉。就这样，几天下来，我的精神萎靡。虽然我一再掩饰，但依然被学生发现，学生在随笔中询问："老师，你最近怎么了？"终于，在班会课上我放下架子，向我的57名学生讲述了自己的失败，自己的痛苦。非常遗憾，那天的我没有控制好自己的情绪，眼泪不争气地流了下来，记得当时教室里安静极了，直到班长带着大家开始鼓掌。那一刻，我心中的苦闷烟消云散，那一刻，师生之间再没有了距离。这件事之后的五个月，他们学得很拼，最后同学们以75%本科率的辉煌成绩告别了中学时代，这在我们那个学校是很不容易的。我也在他们的鼓励下，再次申报，终于成功。我们师生之间的相互支撑、相互理解也永远地留在我们的记忆中。

其实，要成为一名优秀教师，首先要成为一名优秀的人。否则，所有的教育都是没有说服力的。从1990年到现在，我从教的这些年，正是国家经济、文化发展变化最大的时期。说句心里话，老师也是俗人，也免不了物欲的滋长，免不了自身价值的困惑。但，正是和那些可爱的学生的相处，让我不断地戒除着自己的浮躁，坚持着自身的道德提升。2005年，当我校刘勇同学身患绝症的消息传来时，我们高三（10）班的学生开始募捐，开始利用互联网向社会发出求救。三年过去了，在全校师生和全社会的帮助下，刘勇奇迹般地活了下来。当他的同学们毕业以后，我带的新高二（2）班又承担起了与刘勇结对的责任。2007年9月17日，我带着14位同学来到刘勇在中山医院附近的租借房，看到消瘦的他，同学们一下子不知道该说些什么。当事后同学们都很自责时，却听到刘勇的原班主任说：他今天特别高兴，因为还有这么多不认识的同学记得他。到了元宵节，刚刚分班新组成的历史班的几位同学，把一张写满了学生、老师祝福的贺卡送到刘勇家里。我们要让他明白，有许多人在为他加油！同时，我始终在提醒学生，面对一个垂危的生命，我们其实做不了什么，但我们可以给这个生命些许的阳光，而这些阳光更多的是让我们自己明白生命的宝贵、生命的责任，意识到比起那些与生命抗争的人们，我们多么渺小。一点一滴的教育，使这些原本处于逆反期的孩子们开始重新思考自己的价值。而这些孩子所表现出的善良，也的确让我感动。看到他们在贺卡上认真、甚至含着眼泪表达他们的祝愿时，我们还有什么理由不竭尽全力教育他们呢？有些老师也许会问：为什么你的学生愿意做这些事情？其实很简单，在我的教育理念中始终认为：要教会学生学习，首先要教会他们做人。我常常通过学生的随笔，和他们探讨人生，探讨人性，探讨道德。常常一周下来，几百字的批语送到了学生手中。这些看似细小的交流感悟，碰撞着我们彼此的思想。说句真心话，自己才是真正的受益者，在和他们一起做这些时，常常是他们的善良、宽容教化着我。后来，刘勇还是走了，我的班长来教室讲这个消息时，他先对着我说：老师别难过，他走得很平静。这些懂事的孩子呀，是他们在教我怎样生活，我怎能不由衷地感谢他们。

在教室里，在学生身边，我总是很快乐，而我认为，这就是所谓的“桃李不言，下自成蹊”。

年龄越来越大，却越来越明白：世界上没有比看到一批批学生的成长更快乐的事了。

当然，教育也是一个充满了遗憾的事业，无论自己多么努力，面对不同经历，不同性格的学生，常常也会感觉困惑。几年前，在金山区“三校论坛”上，我们小学、初中、高中的老师尝试着探讨网络环境下的教育。我们有很多困惑，但教师的责任，使我们对教育充满期盼。我们明白，无论社会如何变化，教育都有它的价值。越是复杂的社会环境，越是需要能深入学生心灵的教育。

今天，又一个难题摆在了我的眼前：语文课上，我发现一个学生总是皱着眉头，没精打采。无论我如何改变教学方式，丰富教学内容，他都没有兴趣。通过了解，知道他原本就是这样的，没有什么是他感兴趣的。这些情况让我难以入睡，17 岁，多么美好的年龄，何以如此颓唐。不行，我一定要想办法去了解他，走近他。因为我们不能随意放弃一个学生，他们可能成绩很差，可能行为很差，但他们都是父母的希望，都是我们的未来。明天，我将开始努力，因为我始终相信：生活就像是剥洋葱，只要你一层一层地去剥，总会有你热泪盈眶的一天。

时间，让我进入不惑之年，而学生、家长，自己做教师的责任更让我的内心变得不再迷惑，我知道：学生需要我们，未来需要我们。回顾这些年的经历，走南闯北，但始终伴随我的有“三宝”：家人、学生和书籍。在教书育人的同时，最大的乐趣是与书本为友。我愿意伴随着学生，在琅琅的书声中走过人生的四季。

但要想真正成为学生需要的导师，你必须让自己拥有更多的思考，更扎实的尝试，我坚持这样做，又信手拈来很多快乐：

面对多元文化背景，信息流通越来越发达的情况下，文化的更新转型也日益加快，各种文化的发展均面临着不同的机遇和挑战，新的文化也将层出不穷。我们的现状呢？我们要面对的学生的现状呢？我们教育界的现状呢？

我们准备好了吗？一年又一年，我一直提醒自己。

在我 26 年的教学经历中，一直在思考一个问题：什么是好孩子，什么是坏孩子？在我 26 年的教学经历中，我一直尽力坚持：慢慢来，帮助他们发现自己。

记得这样一段话：在我们的很多东西无法确定的时期，我们的教学是否可以找到一点路径？在目前“社会剥夺”不断发生的状态下，如何在语文教学中，帮助学生学会“判断、选择、发现自己”，这是我个人认为可以去做的，其他，充满期望地等待吧，这不是逃避，这是对我们文化的清醒判断。

带着这样的思考，在完成语文课教学任务之余我做了一些改变：

一、优秀视频材料的引入：每三周，我自己坚持挪出两节课，看视频，这样的坚持非常难！

电影：《幸福终点站》《风雨哈佛路》《偷天情缘》《初恋 50 次》《阿甘正传》《肖申克的救赎》《勇敢的心》《迫在眉梢》《三个傻瓜》《在世界的转角遇见爱》《搏击俱乐部》等等。

我们每次看完一部电影，要进行讨论、分享，然后找到自己的理解，写下来。看法国电影《蝴蝶》，学生明白了“发现自己”在一个人的生命中是多么重要。

纪实片：《西南联大启示录》《可可西里》。（学生推荐了一些 DV 纪录片，这些片子在制作上不媚俗，少思想禁锢，有些值得观赏。而且，在和学生一起选择的时候，我们已经在学着判断。）我坚持认为，面对唯美的画面、音乐、镜头，说教有时候会显得非常苍白。

二、主题式人物研究：每个学期，确定一个人物作为研究对象（似乎应该让学生自己选择，可是，我的学生，没有这个自觉，带着做，是我不得已而为之的上策）。

要求：不道听途说　　不一味迎合　　多角度观察

不迷信权威　　“小心求证”　　不急于下结论

梁思成研究：四个角度：梁启超的儿子　林徽因的丈夫　梁从诫的父亲　建筑大师

说明：在第四学期，我们确立了这个研究对象，分组搜集资料，交流，再搜集，再交流，然后形成自己的认知。在这个过程中，出现了一个非常有意思的现象，大家对林徽因的热情空前，找来了大量的“奇闻异事”、照片，津津乐道。我让他们尽情咀嚼之后，将研究范围缩小，让学生去发现抗日战争时她在做什么，新中国成立初身患重病的时候，她在做什么。这样，两周之后，交流中，大家感觉到：被我们误解的人很多，我们缺乏自己的判断，片面解读是我们对他们的亵渎。

三、布置单元“任务单”。

学习胡适《我的母亲》后的任务单：

1962 年 2 月 24 日，胡适在台湾去世，留下“我挨了四十年的骂，从来不生气，并且欢迎之至”的话语，这清楚地勾勒了他的一生。在他去世 53 周年后，我们有必要重新回溯：是什么让他一直被骂？是什么让他成为公敌？他究竟是一个什么样的人？他为什么成为这样的人？请同学们和老师一起去思考。

推荐：http://news.ifeng.com/history/zhongguojindaishi/special/hushi2/

胡适逝世 50 周年：“公敌”胡适

同题美文欣赏：邹韬奋《我的母亲》　史铁生《秋天的怀念》

查看全文：http://www.thn21.com/heart/sj/ba/26237.html

研究建议：三位母亲

冯顺弟（胡适的母亲）

吴清芝（冯友兰的母亲）

鲁　瑞（鲁迅的母亲）

这样的任务单，不同于常规的作业，可以让同学选择，给学生提供拓展的渠道，帮助他们寻找合适的教学资源，对于学有余力的学生，这样的任务很有效。

这些，让我的课堂丰满了，学生成为主人的机会更多了，我的快乐也信手拈来。

但仔细想一想，这些方法、手段都不是关键，要让自己和学生成为融洽的学习共同体，教师一定要意识到一件事情：他们，无论初中、高中，甚至高三，这些孩子始终在静静地观察着老师。

2000 年 8 月 27 日，我只身一人来到金山石化，第一次租房子，第一次住二十几平方米的几乎没有家具的房子，更是第一次亲身体验台风的可怕。那几个晚上，我紧紧地缩在床头，听着台风的呼啸，整夜整夜睡不着。几天下来，憔悴了许多。9 月 1 日，走进新学校新班级，我不再是那样了。依然如常地上课，然后到图书馆借了很多书，来消磨睡不着的夜晚。“国庆节”一个人艰难地来到南京路，在人民广场的人流中孤独地问自己：为什么来这里？对女儿的思念撕心裂肺，让我难以回答。拖着疲惫的身体回到石化，来到租住的房子前，一下子愣住了，十个学生，十个我还不完全叫得出名字的学生等在那里。带他们进了房子，20 平方米的空间，瞬间充满了欢笑声。那晚，我睡得很香很香。后来，他们常常来我这里。一个学生回家描述了我的“困境”，一位父亲竟然给我制作了两个小椅子，一个马桶盖。到现在，16 年了，搬了两次家，但这两个小椅子，我一直留着。最让我没有想到的，学生看到我床上堆满的书，他们坚决认为我是一个有学问的人，他们比赛似的向我借书，看书。这个班级，学风越来越好，而我，在一旁除了开心，也不断地在改变自己的生活状态。后来，爱人来了，宝贝女儿来了，新房子住上了，唯一不变的，是经常有学生光顾。

常常想，怎么会这样呢？一个老师的影响会这么大？但事实确实如此，教师的一言一行，都在学生眼里，他们的那一双，才叫真正的慧眼。

【反思】

上面叙述的这些情景，无论是教育，还是教学，感觉都没有什么惊天动地，都很平常，但是，最关键一点，在做这些的时候，内心是快乐的。有时候，为了给学生找一部合适的视频资料，会看很多东西；有时候，为了给优秀的一部分学生提供一份合适的“任务单”绞尽脑汁；更有时候，一节课准备好了，快走到教室，才突然想出一个开场白，比如讲《一碗阳春面》时，突然想起，今天冬至，那就从饺子说起吧。这些苦中作乐，可能是只有教师才能体会到的，简单而真实。

我一直不愿意把教师的身份看得很沉重，书教了快 10 年，我才死心塌地地爱上这个行业，爱上讲台，爱上学生。究其原因，在越来越复杂的社会生活中，学校，的确是个宁静的港湾。在这里，我们不可能免俗，考试成绩排序出来的那一瞬间，会冒出这样的念头：最好能比他们多几分啊。给一个学生讲了十几遍“名作状”他依然不明白时，也会恨不得揍他一顿，然而，这些都抵不住教书带来的愉悦。

我喜欢反思，我常常在想自己是个什么样的教师。我的恩师说我有个性，有点底子，但欠火候；同事说我颇有才气、有头脑，但性格太直；十五岁就参加工作，历经磨难的母亲说我有点悟性，尚欠磨炼；许许多多教过的学生说喜欢我的课，更喜欢奖罚分明的我。当然也有学生说：你的课我越听越糊涂；有的同事说，你太不低调。面对众多的评判，令我汗颜，令我惶恐。反复自省，自认为是个忠诚的教师，挚爱学生，挚爱课堂，自己的知识面广，但不扎实，尚需深造提高。经过这几年的磨炼，我发现自己性格上“跳跃性”较强，擅长在一定的层次上“点拨”学生，善于从思维方式上开发学生的潜力，善于通过一系列有层次的活动拓宽学生的知识面，善于帮助学生在纷繁复杂的语言面上理清知识点。我经常采用课前“名作推荐”，极大地丰富了学生的阅读面，直到现在依然在尝试这项工作，我自己设计的“如何将名著阅读渗透到写作教学中”的“课题”，我一直没有放弃。过去几年，我曾尝试在高一开“《西游记》赏析课”、高二“《三国演义》赏析课”、高三“《红楼梦》赏析课”，很受学生欢迎，不但带动了学生的阅读兴趣，而且使用名著为例子，导入写作教学，使学生笔下文思顿涌，妙笔连篇。

其实，只要你努力去做了，一定有收获。因为简单，反而更容易收获快乐。

4 一封学生来信的反思

【引言】

我的一位校长说：语文组的高度，是一个学校的高度。这句话，他讲了很多次，我从来没有问过为什么，因为我知道，在学校里，语文老师除了专业教学，更多地充当着学生的精神导师。无论我们是否愿意，没有精神魅力的，很难成为一个受欢迎的语文教师，这是我们的幸福，亦是巨大的压力。

我也是伤过孩子的心之后，才明白这些的。

【案例】

星期一上午，按照惯例打开了学生的随笔，夹在本子里的一封信，让我的视线停了下来：

“我一直认为你是一个与众不同的老师，你生动的讲课常使我陶醉其中。可是，通过这次家长会，我对你很失望。开学时，你说你从不在家长面前说孩子的是非，简直就是狗屁！你可能认为班主任和家长沟通有助于孩子的成长，可是你那些含沙射影的话让我遭到一顿打骂。我爸妈刚进家门，就踹了我一脚，我不是因为被打才这样说你，因为我毕竟经常被他们打骂，都习以为常了。我跟他们是讲不通道理的。我真正失望的是你，我以为你不会和其他老师那样庸俗。你对我爸说我玩心很重，经常和一些女同学甚至男同学一下课就讲话，我不认为这样有什么不对。拜托，老师，我们才十七八岁，我们有我们的想法。而且，每个人都自私地想自己的学习，那你所谓那些团队精神和班级荣誉感也就没什么好谈的了。

“你们都应该学过心理学，那你应该知道越是家里管得严的孩子事情越多，反叛心理越强。我认为你能理解，可你却选择了最为龌龊的方法——和家长谈论是是非非。你可能会说让家长知道小孩的情况，本来就是应该的，可你有没有想过，就是你的那些话，会使我们身体上、心理上受到多大的创伤，我知道这不是你的初衷，可事实就是如此。

……

“我一直觉得你的话很有道理，但细细想来，你的一部分看法太主观，太片面，太武断。我知道你很想把我们这个乱班带好，你也十分尽力。但当我被我爸妈打的时候，我哭了（一般被他们打是不哭的），因为我想不通你为什么要对我爸说那样的话，本来我以为你不会讲这些话的……

“总之，想说的话太多，一时也说不清楚。可能有些话说得比较过分，还愿老师海涵。还有，我不希望看完文章后找我谈话，因为这没什么好谈的，越说越说不清楚，说到最后总是你们有道理。当然，请勿打电话和我父母‘沟通’，因为那是没有任何效果的。‘沟通’这个词对我来说已经是太讽刺了，有些事你不了解，当然我现在已不指望你能了解了。”

第一遍看完我很尴尬，她的语气和措辞刺痛了我。

第二遍看完我开始冷静了，我知道自己无意间做的事情刺痛了一个学生的心，而且我相信信里讲的都是真心话。

这封信在我心里放了很久，也想了许多：我不经意间为什么给一个很喜欢我的学生如此大的伤害？我错了吗？错在哪里？

恰逢做了半辈子思想工作的母亲在身边，我也给她看了信，她反问我：老师做久了，是不是觉得教育别人是自己的权利，你连在家里说话都充满说教味道，是该反思一下了！

“反思”，说起来容易，做起来其实很难。那次家长会即将结束时，我把几个女同学的家长留下了，原因是这几个女同学都比较聪明，但都很贪玩，经常结伴同行，有点像个小团伙。有时玩得很疯，影响了自己的学习，也影响了班级的团结。我希望和她们的家长沟通，想出解决问题的办法。但让我没有想到的是，她们的家长也很熟悉，原来过去的班主任也经常和他们座谈同样的问题，所以，当我一提出这个问题，他们就开始七嘴八舌，甚至开始互相埋怨。看到这种情况，为了挽回局面，我把原本要说的话咽了下去。讲了这些孩子的许多优点，这些表扬一直坚持到结束，说这些自己原本没有准备说的话时，我自己心里也吃惊，仔细想想这些女同学竟然有如此多的可爱之处。家长们也开始讲自己孩子的优点，气氛变得温暖了，一直到结束。家长会结束后我心里很兴奋，自认为是又一次成功。这种兴奋一直延续到看到那封信。

我用了很长时间来过滤自己的思路，问题终于找到了：我为什么和原来的老师一样偏偏把她们几个的家长留下来？是不是在我的潜意识里认为她们是坏孩子？而这种思想和自己接任班主任时的承诺是相互矛盾的。我刚接任这个班的班主任工作，就知道这是一个成绩差、班风乱的所谓差班。但我非常讨厌用成绩来判断一个人、一个班级。我走进教室告诉他们的第一句话是：永远不要看低自己，永远要自信。我们共同想办法，从培养好习惯开始，从卫生、纪律这些小事做起，重塑自己的尊严。通过我们的共同努力，班级容貌、学生面貌都发生了很大的变化，过去难得一见的表扬也开始常常光临我们班级。班风正了，我就开始抓典型，塑榜样，找问题，逐渐端正学习风气。开家长会也是举措之一。当然，在我的心里，希望这几个孩子成为一种典型，成为自己成功转化后进生的典型，这是经过了漫长的思索才敢于承认的。

自己的确是真心付出了，为什么还得不到理解？

看来需要换位思考了。从信中可以看出，这个学生已经感觉到了班主任的改变和付出，她已经开始接受我的那些说教了，甚至已经情不自禁地喜欢老师了，仔细想想，她的确也在努力地改变自己，还是贪玩，但是玩得少了，开始关心班级了，而且还担任了班级的语文课代表。但长期以来养成的许多坏习惯不可能一下子全部改掉，她确实需要一个过程。她不想在老师眼里还是过去的那个她了。而我做了什么呢？急于求成，急于证明自己的教育魅力，急于用他们的变化作为自己成功教育其他捣蛋鬼的佐证，急于让他们成为我们意识中的好孩子。

我们要承认，我们的教育行为有时是随意的，这种随意的教育行为往往是在功利目的引导下诞生的，我们急于想培养出优秀的才，却往往忽略了人的成长，忽略了人的成长需要一个空间，更需要一段时间。

不知为什么，想起了《想做好孩子》一书中的一句话："没有人可以制约住一支飞速惹事的队伍，不如就随他们去，让他们自己去经历和体会，让他们以自己的方式成长，毕竟做好孩子多不容易啊。"

我却在这个关键时刻，又把他们归纳到一起，把她粗暴地推回了过去，特别是在本来就关系紧张的父母眼里，她还是原来的样子。我伤了她的自尊心。学生学习能力不足，学习成效不佳，有遗传因素，有环境因素，我们这些教育工作者，正是要弥补这些不足的因素，让学生能够有最大可能的发展，这才是教育所代表的真正意义。看来，这一点我们绝不能忽视。

我无法判断这件事情过去了没有，我尽了自己最大的努力去挽救它，按照她的要求我给了彼此一个不短的冷静期，我决定放弃教师的姿态走近他们，和他们一起分享下课的十分钟，我发现他们并没有谈论什么离经叛道的事情，我也了解到长期的学业失败让他们失去了学习的勇气，我知道他们面对即将到来的高考内心充满了恐惧和一丝的不甘和无奈。我又明白他们表现出的成熟甚至叛逆，是为了掩饰内心的脆弱和孤独，他们有时感到高中的老师似乎渊博但离他们太远。我甚至发现我们不必在他们面前过于理性，他们对生活的看法甚至超过了我们，他们对痛苦和孤独的承受力足以让我们感慨，他们对父母，对老师，对成人世界的了解远远超过我们对他们的了解。当我们还在为他们的迷茫和现状担忧时，他们却也在为了我们的付出打折着自己的热情，甚至压抑着自己的个性。

我们的确应该反思，我们是不是高估了教育的作用？我们是不是真的把自己当成了塑造学生灵魂的工程师？十二年的学校生活是给学生提供了一个接受教育的空间，还是一个成长的空间？

这又让我想到了婚姻，许多婚姻中人都想把对方改变成自己理想中的伴侣，但往往结局是令人失望，甚至可悲的。由于彼此的隔阂而产生的失败教育值得我们深思。当一个母亲声泪俱下地诉说着自己养育儿女的辛劳时，儿女却一脸茫然。其实，这并不表明他们冷酷，只是他们厌倦了这种表白，他们想知道自己的诞生是否也带给了父母许多快乐，他们想得到一句话：我们爱你，无论你学习好坏，无论你聪明与否，我们都陪伴着你的成长，你们每一个对我们而言都是唯一的。

带着这种顿悟，再次读这封来信，我知道她在表示着对我的期待，孩子们的世界是简单的，虽然是即将成年的孩子。

我始终相信“爱使灵魂更高尚”。从走进这个职业的第一天，就始终要求自己要学会爱自己的学生，我相信付出的爱一定会有回报。教师的称呼让我们大多数人都牢记这一点。但我却从没有去深入挖掘这样做的动机。如今在这封信的刺激下我逼迫自己去思考。我们真的已经到了只有付出，不求回报的境界吗？不是这样，我们求，甚至是时时在渴求，求成绩，求理解，求改变。我们许多时候如夸父般奔波得很累，我们在用自己的努力去追逐一种梦想，我们放大着自己的能量，期望着一个个高尚的灵魂在自己的视线中冉冉升起。这种想法没有错，但过于理想化。的确，“过犹不及”，这种急于求成的功利思想是违背教育规律的，更是不符合人的发展规律的。我们是教师，我们必须高尚，但不必伟大。我们应该学会伴随学生，辅助学生，鼓励学生，和学生一起品味成长中该发生，可能发生的一切。这，于学生有益，于我们自身不是更有益吗？

我们现在早已成为了朋友，她也已经开始了高三的冲刺，我们已经不能在同一间教室奋斗了，但每次在走廊相遇，彼此都会送去一个灿烂的微笑。

那封信被她要走又被我要了回来，我把它放在书桌前。因为这件事让我明白，我们每天面对的都是一颗颗鲜活的心，他们盼望着从我们这里获取养分，每一颗心又都是脆弱的，需要我们百般的呵护。我们每天面对的都是一个个正在成长的人，他们盼望着我们给予更多的支持，让他们在过程中能有摔倒了再爬起来的勇气。

这，就是一封学生来信引起的反思。

【反思】

文章记录的是一段自己真实的心路历程。我无力把他们提升到理论高度，只是希望通过这些提醒着自己，提醒自己是为了我们还要面对的许多孩子。

又想起一个教育专家的话：一个优秀教师的成长是呈螺旋状的，也要经历几个不同的阶段。其实我们每一个人的成长道路上都会留下许多遗憾，而恰恰是宽容的学生们原谅着我们，支持着我们，才不至于让那些失误绊住我们的脚步。想到这些，我发自内心地想说：谢谢你们，我的孩子们。

其后几个月，写半命题作文“请允许我____”，我写了一篇《请允许老师慢慢成熟》，谈这封信对我的教育。学生给我的评语：虽然没有引经据典，缺乏论据，但感情真挚，赞一个，给个“良”。那时，我发现，她笑了。

所以，这依然是语文课堂的故事。

5 最成熟的时候，却是最挣扎的时期

很幸运，有机会忝列“上海市双名工程黄玉峰黄荣华基地”，自己也常常被别人称为“未来的名师”。

还记得基地第一次活动，黄玉峰老师对我们提出了很温和的要求：底线是完成学分，高要求是提升自己。看似简单，实际要求很高。

这四年，我们都非常忙，在学校，在区里，在基地班。现在回顾自己做的事情，还算比较满意，起码是没有荒废的四年。

记得，基地的第一学期，我完成了一期基地报纸《读读读》；完成了华东理工大学社会学院曹锦清教授的讲座实录，用了9个小时；完成了在复旦附中执教的两堂研究课；完成了第二期《铎声》的编辑。这些，耗去许多精力，却没有影响常规工作。

在我负责《读读读》时，恰好《文汇报》一篇关于教师不读书的文章被炒得沸沸扬扬，我就把这一期主题确定为“分享我的一本书”，师兄弟们很配合，用自己的行动告诉大家：我们热爱读书，不读书不可能成为合格的教师。《铎声》第一期出版后，连我们自己都很震惊，真的做出来了，我们钦佩导师黄玉峰老师的大胆。第一期责编留下了“直面语文真问题”的第二期主题。我和孙彧接下了第二期责编的任务，三个月，四易其稿，终于在6月27日出版了，非常欣慰，也盼来了很多好评。这次编辑很顺利得益于大家的配合和我们周密的计划。首先，请黄荣华老师写一篇宏观反思“语文真问题”的大作，黄老师非常痛快地就答应了。两周后，一篇洋洋洒洒一万多字的《语文教育要直面——恶劣的全社会教化体系》(后来在《文汇报》发表，反响很大)，其视角之宽，见解之深刻震惊了我们，我第一时间把文章发到大家手里，请他们以此为“主文章”（不确切），各自选择一个小角度，反思教学实践中的“语文真问题”，这样一来，大家心里有底了，写出的文章有侧重点了，这一做法得到了黄玉峰老师及时地肯定。其次，利用第一期《铎声》良好的声誉，我们利用在松江二中教研活动的机会，向一些对语文教学有见地的同行发出了“征稿启事”，效果非常好，本期共采用七位基地外稿件，希望扩大影响。在整个编辑过程中，我和孙彧分工合作，配合非常默契，最让我们感动的是黄玉峰先生、黄荣华老师不断地鼓励和支持，同学们也容忍着我们残酷的催稿。好在，有了成效，辛苦值得。盼望我们的杂志越办越好，希望我们下学期继续“提升自己”。

为什么啰里啰嗦写到这些，因为这是我们基地的开始。

其后，我们被要求写出《个人五年发展计划》，我的计划是这样写的：

非常兴奋，在自以为可以“养尊处优”的年龄，竟然被选拔参加“上海市第三届名师工程”，而且胆大妄为地申报了“黄玉峰黄荣华基地班”。兴奋之余告诫自己：五年，漫长又短暂，我希望自己得到什么，盼望自己突破什么，一定要想明白，否则，自己就成了多吃多占者。“我想，在每一个语文老师的心中，‘语文到底应该怎么教？’——这个问题一直就没有消失过。可是现在的语文教学现状是：一面在高呼改革；一面又是为了高考，一个知识点一个知识点地搞题海战术，什么人文，什么文学，在高考‘指挥棒’前都显得那样苍白无力。所以说，做一个语文教师真难，明明知道走的是弯路、岔路、错路，却又不得不走下去。”上面一段话，是我从一个语文教师的博客上摘录的。看似偏激，其实却代表了许多语文教师的心态。我不想回避这个状态，身处高三，兼任学校教研组长，工作量大，杂事多，检查多。常常感觉自己已经不是一个语文教师了。为什么？似乎也无法说清楚。我真心希望基地班的培训能够给予我们以下的指导：

一、希望让我们在近距离接触中，逐渐感受真正脚踏实地的两位名师的韵味。你们的经历，你们的坚持，以及你们的困惑。我，我们需要这种支撑；

二、希望能够组织我们参加复旦大学的各类人文讲座，让我们不再只是教学的操作者（而这些学术讲座，我们基层教师很少有机会参与）。

三、希望把我们带进各种课堂，带进对教学的理性讨论氛围。我个人认为一个优秀的语文教师，是能够在课堂把学生的学习状态调整到最佳的。而每一节课都能够做到，实在不易。

四、希望带领我们继续去寻找真正的“语文味”。

五、在以下几个方面帮助我们梳理思路：

①语文知识本身的系统性与语文能力的模糊性之间的关系处理。②语文基础知识与人文素养的培养，一定是矛盾的吗？③如何立足教材，又能够突破教材。④每个人对文本的理解是多元化的，如何对待学生在我们看来“出格”的理解？⑤作为一名普通中学的语文教师，必须面对这样的事实：基础越差，学生参与的“补课”越多。学生没有时间，也没有动力进行课外阅读，甚至家长也非常反对课外阅读，这是无法回避的现实，我们应该怎么办？

个人培训目标

“内修其心”，增进教育理论素养以及文化积淀。力争克服惯性思维，成为能够适应时代需求，又能够保持自由之思想的教师。

现状分析

1. 优势

（1）从教21年，从北方到上海，接触了各个版本的教材。

（2）从教21年，初中，高中都在教学一线，教学成绩比较突出。

（3）参加过“市第一期九校培训者培训”，担任学校教研组长，在区层面经常担任培训、讲座任务。

（4）课堂比较活跃，在学校开设过多门选修课，组织社团活动，有成功经验。

（5）阅读面比较广，阅历比较丰富。

2. 劣势

（1）工作比较繁杂，压力大，时间少（班主任，两个教学班，教研组长，备课组长，区级导师）。

（2）从教多年，进入经验期，如何再有突破，是我的困惑。

（3）教育理论等方面的知识相对比较薄弱，这方面的书籍主动阅读意识差。

（4）教育教学科研的能力很弱，过去，对“课题”有些抵触心理。

五年计划及实施方案

1. 完成一本著作

撰写或编写一本著作（1996、2000 年分别参与过学科辅导书的编写）。

2. 一个课题

参与一个市级课题。

3. 认真听两门课（跟随复旦大学中文系张新颖教授）

选修复旦大学的两门课程。

4. 发表文章

公开发表几篇文章（不只局限于学科）。

5. 坚持读书

利用这五年的时间，有计划地，在基地导师的“监督”下，多读文史哲相关典籍。

6. 在学校、区层面，担当责任，及时反馈有效信息，成为真正的区级导师。

2012 年 8 月 26 日

这是 2012 年 8 月写的，此刻看起来，感到很惭愧，想做的做了吗？想弄明白的弄明白了吗？四年过去了，自己到底有什么提升？这四年，做了一些事情，主持的一个市级项目结题了；听了一学期复旦大学张新颖教授的课；发表过几篇文章。但讲心里话，越深入思考，越感到焦虑。

只能，也只想讲一句真话：最成熟的时期，却是最挣扎的时期。

为什么？

我几年前看到江苏省泰州中学董旭午老师一篇博文《语文教学：到底离学生还有多远？》，极有感触，他就目前的语文教学提了这样几个问题：

一、我们的“语文”定位离学生还有多远？

二、我们教材编写理念离学生还有多远？

三、我们的师生关系定位离学生还有多远？

四、我们的“更多更快”理念离学生还有多远？

五、我们的应试化语文教学离学生还有多远？

六、我们的知识教学离学生还有多远？

七、我们的形式化语文教学离学生还有多远？

八、我们的多媒体介入离学生还有多远？

九、我们的“经典阅读”离学生还有多远？

十、我们“表达与交流”教学离学生还有多远？

看到这些，我，内心沉默了许久。我又想加几个问题：我们高深莫测的教育理论何时落实到课堂？我们精彩的公开课何时变为常态课？我们天天提倡阅读为什么不能直面现在惨淡的阅读状态？我们何时能够改变目前这种很难考出阅读量思考深度的单一的语文考试模式？我们语文老师何时能够告诉大家：我的语文课每一节都很重要？

这些问题写出来，我感觉极度疲倦。

我曾为第二期《铎声》写了题为《直面的意义》的跋：

“我制作藏香，不仅仅是一种谋生手段，更是一种充满喜悦与神圣感的精神享受”，这句话出自拉萨千年藏香的一位传人次人多吉之口，他一边用最原始的方法研磨着香料，一边平静、虔诚地说着。这句天籁之语，刺激着我的心。现在，我们常常自觉不自觉地寻找着“意义”，在寻找的过程中，四面八方的风，把大家吹得东倒西歪，倒下的，有；忘记出发理由的，有。稍微冷静者，也一味地把不能坚守的理由归结到“社会”。

这是唯一的理由吗？

我们都认同中国最好的大学是在国难中诞生、于困苦中坚守的西南联大。在战火纷飞之际，在学习、生活、工作条件都极其恶劣的环境中，西南联大为什么能取得如此骄人的成就？这值得我们每一个人认真思考。我在孙彧“前序”中看到了“我没有办法根本改变什么，但我不能放弃”的坚持；看到了黄荣华老师在对恶劣的全社会教化体系的批判之后，依然用自己的生命去帮助学生领悟、探索的勇气；在黄玉峰先生对汉字的解读中看到的是对文化的实实在在的信仰。这些，恰好是真正的有所为。

数学老师发现学生不会审题，指责我们；用人单位发现应聘者不会写简历，指责我们；专家们发现这是一个不读书的时代，指责我们；政府发现人们的价值观混乱，矛头也指向我们。我们有时候很委屈，因为我们只是一名语文老师，但换个角度想，面对这些指责，我们应该自豪。“为天地立心，为生民立命，为往圣继绝学，为万世开太平”可以是古代大儒的襟怀，为什么我们不能再多一些承担？为了自己的职业操守，为了一个学生，一个生命，为了一个让我们“爱得深沉”的民族，我们愿意从剖析自己开始，剜骨割肉，在实践中思考：我们还能为教育做些什么，怎样才能做得更好。这才是寻找的意义。

《铎声》，由于那么多同道之士的参与更有意义了，郭备、王健瑶、倪进、虞宙、晓峰、陈俊杰、付雅辉这些语文老师的加入，更让我们坚定了传播“木铎之声，教化之声”的信心。

直面，需要勇气；直面之后呢？需要敢于承担。

我们应该记住西南联大的校歌“千秋耻，终当雪；中兴业，须人杰”。

让我们静下心来，一起研磨教育之香，像次人多吉一样，虔诚。

2013 年 5 月 31 日

之后，有一位专家在一篇探讨教育改革的文章中引用了我文中“为了自己的职业操守，为了一个学生，一个生命，为了一个让我们‘爱得深沉’的民族，我们愿意从剖析自己开始，剜骨割肉，在实践中思考”这句话，看来，还是有很多人明白自己的使命。接下来，就必须思考该怎么办。

怎么办？首先必须发现问题。

比如，语文的特点可能就是导致语文问题的源头，怎么选教材，单篇还是整本书阅读？怎么命题，怎么考？这些都要一一梳理，方能够找出办法。

当代教育家洪宗礼先生的语文教育“链”指出：我们要把语文的要素及其构成关系、规律、序列，编织成网状的语文教育“链”，即把学习知识、引导历练、发展能力、获得方法、养成习惯、提高思想文化素养等各种语文实践活动构建成为一个纵横结合的科学体系。这个体系包括三个维度：一是内容维度，即“知识技能”“能力”“习惯方法”“情感与价值观”，二是过程维度，即“历练”“养成”“渗透”，三是关系维度，即“语文实践”“定型化”“语言思维同步发展”。三者构成语文教育“链”的系统，覆盖了认知、动作、情感三个领域。可见，洪先生的语文教育“链”绝非只重视学生语文学习的能力和习惯的训练和培养，实质上也非常重视“情感与价值观”的渗透和培育，只是洪先生强调必须是在教师教的、学生学的都是“语文”的前提下和过程中来渗透和培育。对学生而言，就是在语文学习、历练的过程中自然、渐进地发育和提升人文素养。

既然是渐进的发育提高，那么我们必须给足时间，给足空间，我们有限的语文课堂该干什么？

首先，为了语文学习的“有效”这个我们总也回避不了、总也解决不了的问题，我们必须杜绝在备课、授课、作业布置时的随意性。思考：语文意识、学段意识、单元意识，是否在我们的三个环节中统一存在呢？而这三个环节中，最最关键的到底应该是什么？是学生的语文起点，学生的课堂情绪，学生的思维发展。

授课的起点是我们的备课吗？你在备课的时候，考虑的是“我”面对文本，还是学生面对“文本”？如果是“我”，那么，《声声慢》中连续出现的“齐齿音”，不用特别讲解，“我们”的情感积累，也会促使自己朗读出诗人的情感。但是，我们的那些情感单薄的学生能读出来吗？所以，备课的起点是学生的已有的积累水平。那么，如何了解学生的实际情况呢？我认为一定要大胆地把首次阅读的权利下放。例如，复旦附中黄荣华老师坚持的“单元贯通”，许多老师在授课前布置的“阅读疑点”。

其次，语文教学到底应该教会学生什么？语文知识？语文能力？“中国人”的素养？而能力和素养靠“教”是不可能完成的。

再次，有这样几个现象，需要我们去思考：

备课资料越来越“全”，授课目的越来越“多”，授课方式越来越“花”，作业越来越“细”而“杂”，越来越“大胆”。《最后一片常春藤叶》在学生都被文中人格魅力感动的时候，突然来这样一个作业：生活中一定也有“老贝尔曼”，请写出来，明天和大家分享。这样的作业，真的是授课内容的有机延续，是必要的吗？我们的学生为什么不喜欢看学校组织的电影，因为，他们害怕写“观后感”。我个人认为该细必须细，一字一音；该杂必须杂，要逐步帮助学生构建一个语文体系；该放必须放，阅读一定要让学生亲力亲为；该长一定要长，语文中的长期积累型的作业，一定要让学生心里有数。

所以，我认为由“约而精”到“博而深”是我们这一条龙教学过程中始终应该考虑的一点。我在完成《荷塘月色》教学后，推荐学生读陈寅恪先生的《王国维墓志铭》，帮助学生理解独立自由之精神，深化学生对朱自清精神追求的理解，这不仅是拓宽，更是深挖。

最后，我很怀念传统的语文作业：续写，改写，仿写，分段，概括大意，归纳中心思想，日记，摘抄。“听，说，读，写”是我们真正在做语文该做的事情。

要走出困境，必须要有语文眼光，语文视野，更要有全盘和局部的构思。而这，必须从我们自己开始。

杂乱无章地想到这些，突发一种“舍我其谁”的冲动。

真正要改变的，首先要逐渐消除自己的偏见、成见，不打开，永远只能是井底之蛙，我们最不愿意承认的也是这些。

2013 年 5 月，我们基地去松江二中活动，三节课，对我触动很大，写了一点感想：

我一直认为，教师的功底必须是能够通过课堂反映出来的。

松江二中的三节作文课，给我很多启发。

看到上课主题，就知道，必然会引发争议。“好作文不是教出来的”，这种言论始终考验着我们语文老师，到目前为止，我们都难以给一个标准答案，而正因为如此，此领域才值得探讨。

松江二中王健瑶老师，在用自己的方法，给学生的思维和推理搭一个“脚手架”，而这恰是提高思考力水平的一个重要因素。我们的李建生老师，在示范一种经过检验的高水平“操作行为”，相信，只要这些学生可以以此为起点，进行适当地摸索，会在写作过程中明白教学目的。这是一个系列课程中的一个环节，在一节课上，学生会“吃惊”，产生疑惑，这，可能恰好是一节示范课的意义。

王召强的课，引发了我内心的挣扎，是一节好课，因为给了学生和我们极大的震撼。但又不是一节像样的语文课，似乎更像政治课，似乎更像一场头脑风暴。这几个念头闪过之后，一个问题冒了出来：什么是一节好的语文课？他的那些实例，那些言论，似乎非常震撼。可为什么震撼？是因为都是狂言？都是夸大的事实？非也，那些内容我多多少少也通过各种渠道知道一些，思前想后，我明白：因为我们习惯了不讲这些，不这样讲！习惯了不去想这些，不去这样想！

我们常常在说话，在对着学生拼命说话，教学生说话。可我们问过自己：我们说的都是真话吗？我们敢于或者说愿意去思考什么是真实吗？我们距离真实到底有多远？目前还没有答案。

其实，写了这么多，更像不断地在说服自己：我们的语文教学，会更好的。

附《礼记·学记》习得

教高三，最频繁出现的工作，就是监考和阅卷。基本上一年下来，我们的生活轨迹就是由各种考试编织而成的。

今天，又一场监考开始了。实在无聊，抬头看到教室后面的一句口号，开始了遐想："磨璞见玉"，低头一看，我们的学生们皱着眉头，啃着数学题，各种神态。原来，他们都是"璞"。再想想它的解释，似乎应该是：含有玉的石头或未雕琢的玉。核心是"玉"。然而，如果不是"玉"，而是一块原本可以用来赏玩的奇石，是可以用来压制北方泡菜的粗石，或者是可以铺路的石材，我们用这种千篇一律的方法"磨"，结果会如何呢？

胡思乱想结束，该看我的《学记》了。

一、对教师的要求：

记得《礼记》中写道："师也者，教之以事，而喻诸德者也。"这，对教师这个职业的要求可谓非常高。行事之指导，立德之示范。

《学记》曰："君子既知教之所由兴，又知教之所由废，然后可以为人师也。"而反复阅读它对"教之所由兴"、"教之所由废"的解释，你才会感觉到，古代对教师的要求是极高的。归纳下来，教师首先要拥有卓越的道德品质，其次必须有广博的知识，精通自己所教授的专业知识，而且能够具备良好的语言表达能力，简明而透彻，精微而稳妥地说明问题。

这些，我们现在能做到吗？我们在努力做到吗？如果，我们不知道自己应该是怎样的，应该担负怎样的责任，应该具备怎样的能力，我们可以问心无愧，高枕无忧吗？

似乎终于明白，为什么许多教师"坚守着"应试教育，因为，这，容易做到。上课有教参，讲评试卷有答案。

《学记》提出教育是为了"化民成俗""建国君民"，就是要用道德观念和知识教育人。知识是可以学到的，也可以传授的，那么，"道德"呢？这个词，在当今社会，有时候已经成为一种奢侈品，或者装饰品。然而，我们，我，既然是一名教师，那就必须义无反顾地坚守些什么。

二、《学记》对教育目标的明确要求：

“一年视离经辨志，三年视敬业乐群，五年视博习亲师，七年视论学取友，谓之小成；九年知类通达，强立而不反，谓之大成。夫然后足以化民易俗，进者说服，而远者怀之，此大学之道也。记曰：‘蛾子时术之。’其此之谓乎学。”

解读：入学一年之后，考经文的句读，辨别志向所趋；三年考查学生是否尊重专注于学业，乐于与人群相处；五年考查学生是否博学笃行，亲近师长；七年时考查学生在学术上是否有独到的见解，及对朋友的选择，这时候可以称之为小成。九年时知识通达，能够触类旁通，遇事不惑而且不违背师训，就可以称之为大成。这时候才能够教化人民，移风易俗，然后附近的人都心悦诚服，远方的人也都来归附。这是大学教育的方法与次第。古书说：蚂蚁时时学习衔泥，然后才能成大垤。就是这个意思。虽然，这里的“一年”“三年”不能够对应我们现在的学制，但我想试图去发现，这种有序、精致、科学的教育目标的设置，在我们现在体现出来了吗？

看到这里，想想我们愁眉苦脸，埋头苦做题目的学生，再想想最近常常出现的学生厌学事件。不由得想：古代和现代，教育的目标真的是越来越苛刻吗？我们现在到底给学生设置了哪些必须达到的教育目标呢？

打开电脑，查不出一个非常明确的解释，难道，这是一个人人皆知的常识吗？重新输入“小学教育目标是什么?”，答案：“掌握一些基本知识、养成一些学习习惯、基本形成一些自我学习的能力。”再输入“美国小学教育目标”，答案（在答案旁边有这样的注释：即使是在美国的华人，都不是太清楚美国小学生究竟要达到什么样的知识水平，这里只有一个粗略的标准可以参考）：

1. 幼儿园毕业

能识别数字，能用小石头、小纸片、小木棍等具体的物体，表达抽象的数学概念；认识26个英文字母，区别元音和辅音；区别不同职业的人大致做什么事，譬如医生、教师、邮递员、警察、消防人员……了解生物生命的演变过程，包括人的生、老、病、死，毛毛虫变蝴蝶；从地球仪、拼图上学习地理，了解地球上有很多居民，很多国家，不同的肤色；懂得人要住在房子里，孩子要上学，成年人要上班。

2. 一年级

能够从 1 数到 100，能数双数或者 5 的倍数，知道奇数和偶数，会简单的加减法；学会观察，对不同的事物和物品分门别类；能例证生命的演变过程，了解自然界动植物之间互相依存的关系；学习使用图片和照片来表达文字以外的意思；懂得衣、食、住之于一个家庭的必要性；明白家庭成员之间、邻里之间的关系。

3. 二年级

会读、写三位数的数字，从随意取的五个数中，能够从小数到大或从大数到小；熟练运用两位数的加减法，会用英寸或厘米等度量单位测量长度，看懂钟表上的时间；坚持写读书笔记或日记，学会写总结，懂得区别诗、散文、小说、传记等不同的文学形式，了解虚构作品与非虚构作品之间的区别；开始学习独立研究动物，诸如昆虫生态等问题。

4. 三年级

学会如何把资料做成曲线图；会比较 10 万以内数字的大小及加法，熟练三位数的加、减、乘、除法；能够从周围的环境就地取材，搜集、组织材料，了解人如何保持健康，明白青蛙、蝴蝶、小鸡、小白鼠等小动物的生命演变过程；懂得如何使用字典；能够明白自己所喜爱的作家、书画家透过作品所表达的思想，善于阅读不同文化背景的文学作品。

5. 四年级

用计算机运算很大的数字，比较 100 万以内的数字大小，学习小数和分数，画图表；能通过地图、照片、图表来解释世界上各地区气候的不同；通过阅读，进一步了解不同的文学形式，譬如科幻作品、传记等。

6. 五年级

会列、读各种表格，熟练分数的加、减、乘、除运算；能够利用图书馆的系统和资料进行研究；通过做笔记对各种信息进行比较和综合；开始撰写非虚拟的报告和五段体式的短文；学会写正式、非正式，以及朋友间的书信；懂得对不同类型的书籍进行分门别类，能掌握一本书的主要内容，并针对其构思、背景、人物塑造、表达方式、语言艺术进行评论。

为什么，我们现在不能把教育目标制定得详细一些，明确一些呢？又想起小学生守则、中学生守则，都有“热爱祖国”的要求，这无可厚非，但什么是热爱，怎么热爱，没有诠释。有时候，我们自认为的常识，恰好是我们的教育盲区。我想可能我孤陋寡闻，不了解罢了，希望不清楚地了解我们教育目标的教师，只有我一人。

再回过头看看“一年视离经辨志”这个要求，感到非常惭愧，我们的学生刚刚填写完高考志愿，他们中有很大一部分人没有自己的志向，没有自己的规划，他们填写志愿的标准往往是家长提醒的“钱多”“好找工作”“稳定”，我们怎么能够像古人一样，让学生在入学数年后可以辨志呢？

“敬业乐群”这是多么重要的高要求。今天，看到一则班长被同学刺死的新闻，心里非常不是滋味。乐于与他人相处，善于与人相处，我们教了吗？教学生做人，首先要把学生当人看。我们学校的高三英语组常常受到表彰，这个组的老师特别敬业，他们每天安排学生默写单词，名曰“大默”“小默”，离高考还有八天，一个英语老师对学生说：“今天开始，每天一张试卷，让自己每天都像在高考考场上，睡眠，五小时足矣。”面对这样的高要求，学生一脸的木然。其他几个任课老师不是愕然，而是气愤地想：你用这么多时间，我的学科怎么办？这个场景，可爱，也可怕。

三、看到这样一段很费解，读了许多遍，咂摸出点味道：

“大学始教，皮弁祭菜，示敬道也；宵雅肄三，官其始也；入学鼓箧，孙其业也；夏楚二物，收其威也；未卜禘，不视学，游其志也；时观而弗语，存其心也；幼者听而弗问，学不躐等也。此七者，教之大伦也。记曰：凡学，官先事，士先志。其此之谓乎。”

所谓的“此七者，教之大伦也”应该是指“皮弁祭菜”“宵雅肄三”“入学鼓箧”“夏楚二物”“卜禘”“观而弗语”“幼者听而弗问”，内容很丰富，有对形式的要求，对教育方法的提示，对不同学段学生的不同要求。倒是其中最触动我的是一种“仪式感”。记得著名歌唱家戴玉强曾经说过，欧洲人是把听歌剧当作一种非常郑重的仪式对待的。看到“闻鼓声而启箧”，看到先练习《诗经·小雅》的要求，虽然有的人认为，这样做是为了“劝勉学生以莅官事上之道”，但我认为，给学生一个入学时的“仪式感”，一种神圣的理想教育的开始，是非常有必要的。再看为什么要练习《诗经·小雅·鹿鸣》，当然主要原因是为了让学生感受“王者宴请群臣”的氛围，但《鹿鸣》也传递着一种和谐、高雅的精神韵味。是否是在提醒学生：精神追求开始了，从今天开始，你就是不同于“凡夫俗子”的读书人了。而不是如我们现在，一读书，就意味着“苦尽甘来”的过程开始了呢？那这样的开始，到“知类通达，强立而不反”拥有独立之精神的结束，绝对不会有我们高考结束撕掉教科书以泄郁闷之奇事了吧？

这一次，在黄老师的要求下读《学记》，感触很多，动笔之时，突然发现自己做了很多笔记。真是经典，几乎每一句话都可以让自己浮想联翩，当然不解之处亦很多，盼望着和大家交流。

胡言乱语可以结束了，突然想起昨天接到七岁小外甥的电话，他说：“大姨，我最想当发明家了，我要发明好多好多好东西。妈妈说了，只有好好学习才能当发明家，所以，我要好好学习了。你要给我买个大大的书包，我要装好多好多书……”我此刻在想，希望经过十几年的教育，他是否依然渴望做一名发明家。我希望着会是那样的。

2014 年 5 月 31 日

6 读书与我

【引言】

一个学生随笔中写道：老师，我有一个问题很困惑，为什么书读得越多，越感觉和社会格格不入呢？

这个问题值得深思，我不希望我们用书籍堆砌一个虚拟空间，把人与现实隔离开。虽然文学作品常常可以创造一个世界，但我始终提醒学生，读书是为了更懂得生活，更会生活，更珍惜生活。

【案例】

如果有人问我为什么读书，我会毫不犹豫地说，读书，是一个卑微的个体与高尚的对话，一种永远难以摆脱的生活状态。

读书，是从那时开始的。

在我出生 26 天的时候，忙碌的父母把我翻山越岭地送到甘肃陇南的一个大山里。那里，有我慈爱的外公外婆。记忆中的童年，有山，有水，有漫山的草莓，有樱桃树的灿烂，有永远不会厌倦我的外公，永远不能清闲的我的外婆。那时，“去听戏”永远是记忆中最美的事情。骑在外公脖子上，依偎在他怀里，伏在他高大的后背上，种种的姿态，伴随着我去听一出出咿咿呀呀的秦腔、眉户（一种西北地方戏种），虽几乎听不懂，但总有几个人物因为脸谱而让我着迷，于是缠着外公讲啊讲，《三滴血》《辕门斩子》《铡美案》《穆桂英挂帅》，这些故事深深地记在了心里，稍长大，又得意地讲给同村的小朋友听，因为据说我父母都是读书人，自然“我”也颇被认为有学问，三四岁的我，常常在小朋友中充当老师，兜售从外公那里听到的故事。

于是，一群五颜六色的孩子，围着我这个不着调、自以为是的小人儿，消磨着一段段时光。

而旁边的外公，却看出了两个苗头：我孙女一定当老师；我孙女爱读书。

于是有人来家里，只要认识几个字，外公都要让他在大门板上写几个字，叫我跟着“描”，跟着念，然后，我会东拉西扯地把这几个字编成故事，说给外公听，外公吸着味很浓的水烟，哈哈地笑着。庭院里的牡丹在一旁盛大地开放着。

外公已离世多年，但那样的一幕却占据着我的记忆。后来，我真的当上了老师，真的算是爱读书。所以，大字不识的外公，其实，是我真正的启蒙恩师。

六岁被父母强行抱到一个陌生的城市，开始了真正的读书生活，但没有了青山，绿水，没有了外公外婆，我变得沉默，且寡欢。一直忙碌的父母，快节奏的生活，常常把我推向一个个角落，那里，幸亏有很多书，很多挚友。

一本《红楼梦》得来太不容易。在家里的衣柜上面有一沓母亲的藏书，不知为什么，被高高地摆在上面。一次次地努力，终于从上面抽出了两本书：《本草纲目》《红楼梦》，这也许就是机缘，那一刻开始，我孤独的日子结束了。《本草纲目》除了绘图中的叶子能勾起我的兴趣，别的，实在无味。而《红楼梦》一下子把我勾住了，深深地勾住了，这么多年，这本书一直伴随着我，与我一同喜怒哀乐，与我一同长大，与我一同送走自己最挚爱的外公和最弄不懂，且一直像个谜一样的父亲；与我一同走向爱情，迎来了自己最爱的女儿。它，是我心中的一种生活，一种态度，一种贵族的精神乐园，一个个人物，一首首诗词，不用刻意去读它们，它们已然融入了血液。看世间冷暖，品人生百味。在人头攒动的上海地铁上，依然能会心地微笑。因为，心里有它，一本又一本的《红楼梦》。

这就是读书的魅力。

作为一个女性，不美丽，已然是一个缺点，自己常常感到这种压力。忙于工作的母亲，又常常用她那套“革命”的审美观来修理我，于是，“丑小鸭”绝对是青春期时，我最合适的称呼，而这一切，都不可能压制一个长大的少女对爱情的渴望。而面对接到的第一封情书，我却暗自窃喜，想起了《简·爱》中女主人公敢爱敢恨的风格。这种支持，让当时的自己，有了些光彩。

许多年以后，给学生讲台湾作家三毛。翻翻自己的日记，整个的高中阶段都是灰暗的，日记里的我与现在大相径庭。也就是在那个时候，三毛的《撒哈拉的故事》让我和几个伙伴明白：原来，人可以这样活。说来可笑，我的严厉的父母绝对不可能知道我常常在抄写那些文章，那些故事，抄好的装订一下，包上数学书皮，堂而皇之地一遍遍看。后来，又偷着开始写，我写几段，同桌接着写，慢慢下来，竟然也一沓子故事了。两个从未经历过恋爱的傻丫头，像模像样地编造着深冬时节的离别。现在想起来，只能摇摇头。

生活，不光只有快乐，1998 年 12 月 9 日，一个电话把我从讲台上呼到了医院的急救室。看着昨天还谈笑的父亲，已昏迷在病床上，穿梭在周围的医护人员，用职业化的口吻通知我这个长女：“做好准备”，这四个字，徘徊了七天。一天深夜，我独自守着父亲，突然想起了朱自清先生的《背影》，突然想给父亲读一首普希金的诗，突然想向父亲说：我错了，我一直排斥您，其实，我多么多么需要您……偶尔父亲手指的颤动一次次给我们希望，但身体的几乎完全失去知觉，又一次次勾勒出您活下来之后的可怕图像。七天后，您睁开了一次眼，就彻底地走了。捧着骨灰盒的我，心里默诵着几句《庄子》，反复提醒着自己和母亲：也许这种离去，是父亲的选择，只有那一刻，我走近了庄子。

如今，世界似乎越来越热闹，无论走到哪里，“房子”“票子”“车子”都成了人们口中的热词。常常处在这种谈资之间，很难淡定，自然。这时，陆九渊的一句话常常提醒着我：“欲之多，则心之存者必寡，欲之寡，则心之存者必多。”在上海股市风起云涌的几天，据说整个单位不炒股的就可怜的几个人了，我依然不为所动，可能，读书对我而言，最大的收获是有了自知之明，我这个数学文盲，怎么能明白股价的起落。因为有了这一点清醒的认知，我一直居于闹市，一如既往地教着书，读着乱七八糟的无用之书，没有过多的不满足。

读书，不是为了“腹有诗书气自华”，书，是让人的心静下来，去尊敬崇高，接近理性的生活态度。生活在变，变得有时候让人费解。然而，过度的繁华亦如烟云，来去匆匆。唯有内心的富有，会使人明白自我。这时因为有书，我的心中常常滋润着。

读书，亦成为我职业生涯的“助推器”，这是我从未想到的。所谓的“君子务本，本立而道生”，我非君子，却因为机缘巧合，能够找到一个既养家糊口，又享受乐趣的职业，三尺讲台，也因为自己的肚中有些货，而吸引了许多的弟子，也扩充着我读书行列的朋友。教师这个职业，虽然源于外公的期盼，但我依然不希望成为老师，在我的记忆中，身边的老师，特别是那位数学老师，投向我这个数学差生的目光总是冷酷的，我一度以为那就是教师。1989 年，在嘉峪关实习，看到同学们都忙碌地翻看着一小本教学参考书，我很茫然。我为了躲清闲，避在操场上，一遍又一遍地读着海涅的《西里西亚的纺织工人》，脑中浮现着一个个诗里的形象，一个个底层的挣扎。第二天的课，这个我真正意义上的第一课，得到了肯定。

其实，我实在不明白。为什么我不想成为老师，但一批批学生却颇为喜欢我的语文课。二十几年走下来，想一想，依然是沾了读书之光，我哪里是在讲语文课，我是在和学生一起读书，而已。

书，可以一个人读，一本书，一杯茶；亦可以两个人一起读，怀抱小女，给她读着，讲着，十几年过去了，家里又多了一个书呆子；亦可以一群人一起读，一次，去单位同事家恭贺乔迁之喜，大家团坐客厅，不知何故，争论起了“朱熹的功与过”，由于朱熹先生的魅力，连原本在厨房忙碌的主人都加入了争论，直到锅里的食物发出了异味。许多年过去了，那一幕，赫然在眼前。

昨天，在寄宿制高中上学的女儿回家，又一如既往地和我聊起了书籍，当她发现我对她正在阅读的一本书居然不知道时，显得非常兴奋，还有些得意。我拍拍她可爱的小脑袋，告诉宝贝女儿：书越读，越会觉得自己读的书太少，这，才是读书的最大乐趣。

2012 年 4 月 4 日于蜗居阳台

此文献给我的外公，我的父亲。

【反思】

上面的文章是 2012 年 4 月 4 日，一个人躲在阳台，随手写下的。女儿读了，觉得不错，竟然亲自帮我打出来，我受宠若惊。

其实，我真的不能算一个读书人，最多随着自己的喜好东看看西翻翻。常常自嘲：以己之昏昏使人之昭昭。

四年前，开始师从黄玉峰先生、黄荣华先生，这种感觉更严重。琴棋书画无一通，诗词歌赋难出口，简直就是混迹于知识界的文盲。说句心里话，我工作后读书的线索差不多是教材，只不过由于不甘心把书教得干巴巴，总是想把与一篇课文、一个作家相关的材料尽量多看看，只是这样。

有一个阶段，自己背诵了很多，特别是教材中的古文。但最近，忘记了很多，再背，却很费力。

这样一想，现状很残酷，做一个差不多的老师，算了。然而不行，我是一个理想主义者，不能允许自己这样。

一个诗人朋友有这样一句话：去自己的明天，迎接今天的自己。

贰

我的课堂：营造学习共同体

1 在复旦附中上的“试卷讲评课”

【前言】

每一种职业都会出现倦怠期，教师也不例外。年复一年地重复着，有时候会感到麻木，感到沮丧。如何突破，因人而异。2013年，我也陷入了这个时期，连续地应对高考的教学，一张接一张的试卷，疲于应付。有时候，在抄完答案后，会问自己，没有答案，我能拿几分？这样刷题，到底能为高考增加几分？但是没有办法，在一个普通中学，分数关系到学校的排名，关系到学校的生源，关系到很多。不得已，大家都在寻找最能拿分的手段，月月考，周周练，甚至天天练都出现了。抓得紧，学生认真点，分数会有点增加，但就在这缓慢的小数点的增加中，我们快被抽干了。

【案例】

2013年是我进入上海名师基地的第二年。这学期我们的主要任务是教学研讨，我大胆要求在复旦附中上一次课，我的导师黄荣华知道我对命题感兴趣，竟然让我去上两节试卷讲评课。我毫不犹豫地答应了，只有我心里知道，这是我的一种救赎，我想试一试，我还教得了优秀学生吗？

4月25日，在复旦附中高二（13）班，我进行了两节课的期中考试试卷讲评。在公开课上讲评试卷是有风险的。我对黄荣华老师的命题非常有兴趣，也研究了几套题目，他的每一次命题都有一个非常明确的主题，阅读的选材有深度，贴近学生的生活，设题非常有层次，非常值得研究，我希望自己能够在高中语文试题研究上做点事情。我在上课前几天才拿到学生答卷，避免和黄老师（命题者）直接交流，也没有让学生准备，我是力图站在“命题——答题”之外的第三人，靠近学生去分析这套题目，帮助学生理解命题者的意图。连上了100分钟，学生很配合，黄老师循序渐进的指导，已经给他们打下了很坚实的基础。我也大胆地“伙同”学生，对有些题目进行了质疑。

课后，导师和同学给予了好评，也提出了非常中肯的建议。黄荣华老师特意书面点评，让我非常感动。“25日杜虹老师上了两堂精彩的试卷讲评课：一是认真研究试题，在公开课中具有开创性意义。其实，每位老师都必须用心面对试题。试题绝不只是一般所谓的对学习结果的考查，更不是‘削足适履’式甚至‘碎尸万段’式的所谓‘共性知识点’的考查。试题从制题到讲评到反思，都关涉到学生学习的发展与生命的成长问题，因此它既有考查前阶段教与学的效果如何的意义，更有作为学生学习过程的重要一环的‘此时此刻’的学习意义，还有作为学生发展未来指向的重要意义。因此，对文本阅读的考查，既要关涉共性真知的理解与掌握，更要关注个性特征（尤其指向文本的核心内容）认读与把握。也因此，‘因学选文’‘因文制题’与‘因考析题’就成了试卷讲评需要把握的三个重要原则。杜老师尽管是借班上课，但这些问题都有关涉，且把握较好，极具挑战性，深深感服。二是对试题的二度开发，使试题意义得到充分彰显。多数老师在讲评试卷时以对答案为主，常常忽视试题本身具有的其他学习功能。杜老师在开发这套试题引导学生思考的‘礼’‘维新’与‘祛魅’及‘语言与家园’这些问题时，多有生发，与学生交流甚欢。这在借班上课更属不易。三是从学生立场真诚地面对试题。杜老师对试题的一些不足也提出了自己的看法，且不无道理。所以，我要特别感谢杜老师的精彩研究。”

除了讲评试卷，我还做了一个问卷调查，想了解复旦附中学生对语文课堂教学、语文考试方式、语文命题类型的想法。在问卷中，我请学生设计作文题目。两周后，大部分问卷收上来了，他们比较真实地表达了自己的思考。但言语之中，还是表现了对语文考试模式的不满，对现代文阅读这种主观色彩极强的考试形式的批判。整理出来后，我心里安定了很多，原来我们学生遇到的问题他们也有，我们学生出现的困惑也缠绕着他们。但是，他们的老师并没有因为这些，改变他们的坚持，改变他们的语文建构，这是对我最大的启示。

这 100 分钟对我非常重要，这些骄傲的学生对我的配合，让我重新建立了教学信心。

但更重要的，是我意识到，我们的教学、教育，评判者队伍中一定要有学生。

这之后，回到高三，我依然与试卷为伍，但我在稍稍做点变动，比如，我把高考的某一个考点给学生，让大家一起来找在教材中出现的，可以有代表性的例子，分头行动，一圈下来，汇集的复习资料还是那么多，但这是大家搜集、整理的。我在作文指导时，让学生一起命题，把范文选择权交给学生，同时要让学生清晰了解评判标准。

这 100 分钟之后，我问自己：你能够像黄荣华老师那样用心去命题吗？你出的一张试卷只是一个结果，还是一种学习的开始？你让学生写的作文与他们生命体验相关吗？

这些，都逼迫我重新开始建立信心。

那 100 分钟，对我很重要，一种只有自己明白的意义。

【反思】

一个教师，没有外部的推动力，没有自身的需求，会成为一颗永不生锈的螺丝钉，会身不由己地加入流水工作线，这真的很可怕。身在同一处，做着同样的事情，更要不断提醒自己保持才情，保持赤子之心，对教师而言，太重要了。

我非常敬佩黄荣华老师，在与他的接触中，如他所言，他不是最聪明的，但一定是最勤奋，最踏实的。他一堂课一堂课地坚持着自己的追求，没有很多华丽的理念。在一次特级教师展示课后，一位外地专家评价他的作文课：没有端起特级的架子。我逗黄老师：您原本就没有架子。他觉得，我挺明白他。

这堂 100 分钟的试卷讲评课没有录像，无法实录，我却一定要把这些记下来，因为我知道它的意义。

2 课堂新模式的探索

【引言】

网络走入我们的生活悄然无声，却又以前所未有的速度和力度改变着我们的生活，自然也在改变着我们的课堂，我们的教学方式也不可避免地需要发生变化。网络拓展了我们的视野，把一个五彩缤纷、良莠不齐的世界展现在学生面前。作为老师，我们开始会感到手足无措，但我们有责任，也有必要引导学生如何高质量地在网络世界徜徉。因为网络改变的只能是一种学习方式，但不变的应该是我们对母语文化的执着。所以，作为一名语文教师，我尝试着去改变自己课堂的模式，以适应变革的需求。高效率地运用网络，让它成为我们得力的教学手段。

【案例】

2004年调到新学校，我接手一个麻烦不断的班级，却正是因为自己过去的一种经验，很快将“老大”拿下，此过程颇有趣。一周不到，我发现有一名学生沉溺于网络不能自拔，家长、老师都束手无策。但他认为自己是在网上“工作”，并没有“荒废时日”，而且，他在班级中威信很高，拿不下他，估计我会成为又一个离开的老师。一次，我批改他的一篇命题作文，他洋洋洒洒两千字，离题万里，但读来也颇有一种独特的韵味。为了了解情况，我请他来办公室，我问“这个作文你认为该给多少分?”，他瞥我一眼，回答“按你们语文老师的眼光，不及格；但这篇文章在我们的网上绝对点击率高。”说完用一种奇怪的眼光看着我，似乎在说“你懂吗?”看到这个快一米八的大男孩，我笑着对他说："看来咱俩有共同爱好，那我们就在校园网上注册个班级语文学习社区，你试着做版主，如何？但前提条件，再给我按照命题要求写一篇文章，作为我们社区的开山作。"这个插曲很快引起了一场"静悄悄的革命"，也开始了我的第二轮实验。这个孩子在我以后的语文教学中成为一名得力助手。他在一篇文章中写道："没有想到这个语文老师竟然有点不同，允许我们做许多原本我们不能做的事，同学们的语文学习有热情了。"当然，得到这个"好评"，也是煞费苦心的。其实，利用网络资源充实语文教学是我从两年前就开始的。

一次偶然的机会，让我与论坛结缘。虽然由于爱人是从事计算机工作的，自己属于"触电"较早的那一拨人。但与论坛接触却缘于一次"求医问药"。一次自己生了一种皮肤病，吃药不见效，去医院问诊又被一句"小毛病会好的"挡了回来。一天上网时无意中闯进一个医药网站的论坛区域，内容五花八门。我小心翼翼地注册后，上传了一个求医的帖子。没想到一天之后再打开论坛，竟然有许多帖子在为我"出谋划策"。依招一试，病竟然好了。之后，我便成了论坛的常客，或点评时势，或谈是论非。我深深感到论坛提供了一个很好的、平等的交流平台。恰好此时我接手一个毕业班语文教学。看到同学们"随笔"中的倾诉，感到孩子们的压力过大，心情郁闷，渴望沟通；同时由于学习节奏紧迫，没有时间阅读课外书，知识面狭窄。于是一个念头跳了出来：何不在校园网上开辟一块园地，自己当个"版主"。让这块园地既成为师生心灵沟通的乐园，又可以成为语文学习的资料库呢。此想法一说出，许多学生与我一拍即合，纷纷出谋划策。

于是从 2002 年 2 月开始我在校园论坛上先后开辟了三个主题："我们与家长真的难以沟通吗？""乌镇与茅盾""假如给我三天光明"。第一个主题，我允许同学们大胆直言，也鼓励家长积极参与。在这种虚拟的、隐蔽的环境下，同学们敞开了心灵，更重要的是我的一两句鼓励的回帖"收获"了大批学生的心。在此基础上，我利用毕业班即将去乌镇旅游的机会，开辟了"乌镇与茅盾"板块，链接了一个内容丰富、图文并茂的网站，收到的第一个帖子是

“无聊，现在还有人看这个?”我没有着急，继续着，一个，两个，三个，慢慢的我的学生动起来了，帖子多了起来，有的介绍乌镇，有的介绍茅盾。一篇又一篇的文章贴了上去，一句、两句简单的点评，一下子吸引了同学们的注意力，发帖、回帖，主动回击灌水，维护论坛环境，热火朝天。甚至有一位同学发起了“课外阅读调查表”。同学们了解茅盾，读茅盾作品的热情高涨。一个月后我推出第三个主题，同学们在海伦的感染下，纷纷慷慨陈词。这些话题，不但吸引了学生，而且使学生对语文课内的学习产生了更高的热情，也使学生的作文言之有物了。

我们的论坛上储存了大量的珍贵资料。我坚持两周在多媒体教室上一次交流欣赏课。所选文章都是同学们选出来的。我们在一起赏析，交流，畅所欲言，不亦乐乎。其中，我利用第三版块“假如给我三天光明”的资料，完成了教材“演讲词”的学习，效果非常好。由于课内外互相配合，真正把课堂交给了学生。学生因为喜欢而学，因为学而发现，因为发现而感受学习的快乐。

“演讲词”是初中学生第一次接触的体裁，通过了解发现，学生对这一体裁既熟悉又陌生，熟悉是因为新闻中经常看见竞选演讲，学生也很渴望使用这种形式表达自己的思想，陌生是因为没有实际操作过，缺乏感性认识。为了给学生提供一个丰富的学习空间，更好地掌握演讲知识，我确定了“多读——多练——多实践”的教学模式，开辟以“假如给我三天光明”为主题的论坛，引导学生搜集信息，通过读优秀演讲稿，得到启发；通过点评别人的演讲，学会思索；通过自己创作演讲稿，找到自信。这样就把教学目的和教育目的融合成一体。可贵的是，同学们上传了46篇中外优秀演讲词，并对其中的十几篇进行了激烈的点评。各抒己见，针锋相对。交流课之前，又有26位同学发表了以“假如给我三天光明”为题目的演讲稿，共同探索人生的意义。一位同学的帖子是这样写的：“没有想到我竟然开始思考如此严肃的问题，是论坛中的文章让我意识到生命的可贵。海伦用手触摸水的照片让我感动，前所未有的感动，我知道应该珍惜生命，珍惜所拥有的一切。”

结合所开辟的三个主题，鼓励学生在点评别人作品的同时，大胆“发表”自己的作品。50字，100字，到后来的中篇（“宝儿”同学发表的连载小说《非常保镖》很受欢迎），同学们写作热情高了，也尝到了被认同的愉快。让原本死板的作文开放了。师生共同批改也更有说服力了。我还尝试由学生命题，投票选出最受欢迎的题目。写完之后，作文的读者、评判者不再是一个语文老师了。同学嬉戏式的互评，网友较为苛刻的评价，老师鼓励性的评价，家长热情宽容的评价，使作文的批改不再僵硬。记得一位很内向的学生，在自己的文章受到肯定之后，发短信写道：“谢谢各位，谢谢版主。没想到我也能写出让别人流泪的文章，看来我还不是太笨。”跟帖随即而来：“别谦虚，再来一篇。”“好棒呀，小心，又一个韩寒。”我看到近20个跟帖后，也上传了一个“微笑”图案。更没想到的是两周后，同一署名的一首小诗让我们更为吃惊，略显生硬的词语组合，却表达了一个单亲家庭孩子的苦闷。诗的最后一句我依然记得：“没有目光在等待我的回家，我始终孤独。现在，我知道了我也有存在的意义，哪怕只为了回忆。”我们始终没有面对面交谈过，但看到他在这里发表的文章，让我非常欣慰的是：我终于收获了一张充满阳光的笑脸。

我将“论坛”引入语文课之后，实际是将语文课延伸到了课外。通过资料的搜集，文章的赏析，使同学们在丰富语文知识的同时，尝试着发表自己的观点，试探着公开自己的作品，习惯着接受别人的评论，甚至挑战。

由于引入“论坛”形式，能充分利用网络资源，在前期同学们积极搜集资料的基础上，进行面对面的课堂交流，虽然只是同学们的发言、点评，看似简单，但在这前期，由于“论坛”形式的吸引力，同学们已阅读了大量的网上文章，有了感性认识，接受起来更容易。在初试创作时，可以厚积薄发，写出来的文章有了深度。所以，课堂的交流成了一种沉淀、一种升华。有许多原本很内向、成绩也比较差的学生，正是网络这种比较平等的形式给他们提供了一个表达自己的舞台，同学们的回帖、掌声，我想不仅是对他们文章的肯定，更是对他们自信力培养的一种有力的支持。

不到一年的时间，利用课余时间，同学们在坚持不影响学业的情况下，进入论坛，转帖、发帖，开始是推荐文章（其实这一过程已在训练学生对信息的筛选能力），后来开始操笔上阵，小试锋芒。回帖由冷嘲热讽变成了真诚的鼓励，慢慢地，论坛吸引了学生，甚至家长的目光。课堂上的交流，是在网络巨大资源的推动下的一次探讨式的学习。开辟了语文第二课堂，做了以下几方面的尝试：

一、课本探究：在讲授新单元前，师生共同查找资料，为进入文本蓄势。这样做了前期准备之后，学生往往是带着期望和问题上课的，使课堂更有效。例如在讲授一些时代痕迹比较浓的杂文或者背景复杂的文言文时，这些准备扫清了许多障碍，为文章的诵读、品味腾出了时间、精力。

二、“随笔”共享：“随笔”已经成为学生练笔的一个很好的形式，也是学生情感的一种表达方式，深受学生的喜爱。但由于过去的一对一，上对下的批阅形式，很难让学生真正利用这种形式敞开心扉，反思自我，关注社会。当我们让学生把他们的随笔在平台上展示之后，学生们开始认真对待了，为了得到别人的刮目相看，愿意“打开我的心灵”。这样既交流了语言、思想，又避免了消极情绪的泛滥。

三、作文展示：

（1）我们来出作文题：打破了教师命题的单一局面，放手让学生命题，由学生选出最佳题目，共同完成。这样看似简单的“放纵”，其实是给学生提出了更高的要求，作文题目拟订的语言要求，文章写作对象的个体需求，都是需要思索的。有时我给写作范围，他们拟题；有时我给材料，他们命题；更多的时候，大家一起找话题，分头拟题。一年下来，我们整理出二十多个“话题”，成为考前复习的重要资料。

（2）我们的文章：在论坛公开自己的作文，这需要勇气，更促使学生养成反复修改作文的习惯。

（3）为你点评：把原来专属于老师的作文批改权力下放，让大家评，大家改。记得一位同学的作文《生活中也有英雄》，被激烈批评，反复修改了三次才被认同，成为这位过去最头疼作文的同学的得意之作。

四、命题交流：这是我的一个大胆尝试，我让学生参与试卷命题。主要让学生以小组为单位，选择同一单元或篇目，归纳知识点，分别命题，相互考查。记得第一次让大家出一份古文单元试卷，有的同学卷子上只有默写和解释词语，但有的同学的试卷内容颇有深度。大家交流后，不但加深了对教学内容的理解，也在逐渐摸索答题技巧，不再觉得语文考试无章可循了。题目、范围可大可小，可以是教师命题，学生评价；也可以是学生命题，教师评价。因为有了电脑这个工具，交流、筛选更加方便。一年下来，当最后阶段迎考复习时，所使用的默写卷、文学常识填空、通假字复习试卷都是同学老师共同整理出来的。

【反思】

虽然总结起来似乎只有几点，但在操作过程中遇到过许多困难，难得的是同学们的坚持，学科教师的积极协助，使得这种尝试得以实践。事实证明，只要得法，只要教师控制得当，网络完全可以为我所用。这期间最让我感动的是一位老教师的参与，曾经怀疑过的老先生，也成为我们这个“社区”的常客，给我们提出了大量改进意见，当然他自己也克服了电脑恐惧症。真正证明了教学相长的原则，我在反思中不断成长着。

作为一名 1990 年参加工作的语文教师，我经历了语文教学的尴尬时期、困难时期，面对铺天盖地的批评，语文课该怎么教成了一个不可回避的问题。显而易见，陈旧的教法已不能适应时代和学生的需要，回避现代技术，死守“听说读写”的阵地也显得极为艰难。就我个人而言，与电脑接触时间很长，却结缘很短。开始我们认为电脑只能打字，有了技术的改革后，我们又开始使用课件，由“板书式课件”到“形象性课件”，我们的课堂开始立体化了，我们有了进步。但一两周时间做一个课件、上一节课，使老师们望而生畏，于是“课件”成了公开课的摆设。现在，有了网络，我们突然发现最需改变的是我们的课程观念，教材之外，学生的需要、喜爱都可以成为教材，教师个人的素养也可以是一本活教材。在学生课外读书时间少的客观条件下，网上的资源不失为一个宝藏，可取可选可用，而“论坛”形式，既可以充分发挥教师的引导作用，又可以充分展示学生的参与意识和聪明才智。把语文由课堂延伸到课外，语文学习既有了广度，又能用“论坛”的形式，增加了学习的深度，何乐而不为呢？当然，这种形式，需要教师的投入热情和娴熟的计算机技术。自从自己摇身一变成为版主后，我就养成了一个习惯，每天上网一小时，和学生共同分享学习的快乐，分享成长的喜悦。这里我也呼吁广大教师，大胆尝试、大胆实践，你将受益匪浅！

当然，仅从课堂教学来讲，冰冷的电脑隔开了我和学生，阻挠了我个人的“表演”，分散了原本集中在自己身上的注意力。但理智一想，课堂本来就是师生共同学习的空间，不能只属于教师。从投入的精力来讲，它打破了传统的八小时工作概念，你所做的可能更多的是幕后工作。但理智一想，我们从事的本来就是“桃李不言，下自成蹊”的事业，一切只要为了学生。强烈的责任心，促使许多语文教师开始改变自己的教学策略，也已经取得了显著的效果。比如说将普通作业改变为师生对话交流式的互动作业；将过去单一的文本作业改进为可辅以图画、照片、录音、录像、互联网资料，甚至是角色表演、社会考察、人物采访等多元媒体形式参与的文化型互动作业；将过去学生被动完成、教师机械批改的作业，改变为师生双向设计、学生自主安排、师生双向批改、双向评价式的互动型作业。有时还师生互换角色，由学生担当“小先生”上课或组织课堂讨论，老师则还原到学生位置，直接参与讨论或课堂辩论。我们应该感到激动，这每一点改变都渗透着教师的智慧和勇气。因为毕竟我们已经习惯了“垄断”课堂，一下子要和学生平等交流，别说我们自己，连学生开始都不习惯。这一点我自己深有体会。

在这个过程中，一些细节发生着静悄悄的变化。

回顾做版主的经历，几个始料不及的问题引发了我许多感慨：

第一、署名问题：

没有想到第一个板块开出后，同学们最关心的竟是自己的身份问题。他们坚决要求使用网名，而我认为为什么不能使用实名呢？这个不经意的分歧却引发了一番议论："用实名，这和课堂提问有什么区别？我最怕当众出丑，没劲。""这样一来，我们还是学生，永远是被教育的对象。"一连串的牢骚令我汗颜，只好妥协。于是千奇百怪的名字出现了，千奇百怪的怪话出现了，似乎要将满腹的牢骚发泄干净。看老师依然不愠不怒，又看到老师根据他们的需要转发的大文豪们的回忆类文章，他们上当了，也开始拼命搜索资料。看到优秀文学作品中竟然也有写少年生活的，也有写少年心路的，也有发牢骚的，他们安静了，佩服之余，开始发帖点评，十几个字，几十个字，甚至几百个字出现了。有的评论由于受到众网友的"吹捧"，作者心痒痒了，主动摘去面具，以实名上网，意思很明白，"好东西出来了怎么能不让别人知道作者是谁呢？"几番较量下来，当几个同学开始上传自己的作品时，以实名出现的同学越来越多了。看似一件小事，却反映了青春期孩子的敏感、脆弱，他们想让别人认同自己，但又害怕失败，而这种平等交流，可以让他们的心敞得更开，心里更踏实。

第二、灌水问题：

论坛一开，班中的一位高手就发了一封"论坛规则"，一种自发的维护论坛纯洁的活动开始了。然而，由于网络的开放性，大批灌水贴上来了，有骂这个论坛"太正经了"，有骂版主是神经病的，还有对同学的文章冷嘲热讽的。面对种种言论，我没有删去一个帖子，也不允许校网管员随意删帖，我静观同学们的反应。不出我所料，原本丰富多彩的园地冒出一些浊垢，同学们受不了了，开始反击，有的转引林语堂的《骂人的艺术》，有的干脆摘录鲁迅先生批判国民劣根性的语句，有的和颜悦色地引导，终于，浊气开始消逝，清纯之气上升。这个园地不仅吸引了我这个班的学生，而且引来了许多的"崇拜者"，班级集体荣誉感有了，语文学习的热情涨了。他们自云："腹有诗书气自华"，孩子气的话，却透出一股热情和自豪。

第三、角色问题：

网络世界是丰富的，是自由平等的，也是诱惑重重的。所以，对学生而言，老师的引导关键之至。同时，摆在教师面前的另一个问题就是，这种开放式学习中我们该充当什么角色？我们如何应对新的学习方式对“师道尊严”的挑战。既然是平等参与，我们就要放弃权威，进行平等交流。师生之间有了分歧，有了矛盾，是非常正常的。一次外出开会前，我上传了三篇纪念李叔同的文章，一周回来，发现无人阅读。有些恼火的我发帖一问，回复者为数不少：“不想看”“看不懂”“你喜欢看网络小说吗？”“你喜欢韩寒的文章吗？”我只有老老实实回答：“不知道，因为没看过。”说过后，碍于老师的尊严，赶紧补课，去把韩寒的作品通读一番，不禁大惊，真是个有才气的狂小子，不得不让人佩服。赶紧把读后感发了出去，也加入了学生激烈的讨论。后来又找个机会，改变方法，不但重新拿出了那篇文章，而且附上介绍李叔同先生的图文资料，配上《长亭外》优美的旋律，逐渐同学们开始亲近另一位近代史上的狂人。一来二往，知己知彼，我不再逼迫学生读自己喜欢的文章，我只是作为一个参与者，交流自己的读书心得，这让我明白一个道理：我们总是强调让孩子们读名著，但所谓名著是不是更多的是我们的理解，许多名著距离现在学生的生活太远，越让他们去读，学生越不愿意读。而我们的教材，我们的老师是不是对学生阅读需求不甚了解。我们总在代替他们选择书目，选择作文题目，甚至选择崇拜偶像。看来，我们必须蹲下来，真正了解孩子们的需求，了解孩子的审美目光，然后再站起来，逐渐地引导孩子在文学的长河中，去形成自己的审美观点。要想做到这一点，我想最好的做法就是去读他们爱读的书，和他们一起品味，再引导他们一起去读文学中的真正精华。

随着我们的论坛区域反复出现的一行消息“再见，永远的二班，我们会记得这里”，我的学生毕业了，我也调入了一所高中。上面的文字许多是当时自己的教学后记，现在读起来，虽有些零乱，但真实地记录了自己的一段教学尝试，也算是自己对语文课堂模式的一种思索，一种实践。希望自己仍然在坚持的探索，能为语文与信息技术的整合、大语文理念的实现留下点有价值的案例。果真如此，我就深感欣慰。

细想一下，自己真是一个爱折腾的人，总是想尽办法让自己的语文课活一点、新一点；总是希望自己的学生爱读书、爱思考。26 年，站在课堂上，都只有这么一点想法。唯一欣慰的，是我的学生总是在我的课堂上很有激情，分数不差，还挺快乐，这一点，我很得意，其实，做到很不容易。

附 一位学生的“赞”，也算表彰一下自己 26 年的坚持。

高中的记忆之杜妈

姚旻晓

杜妈，没错就是我亲亲的杜妈。我的首任高中语文老师。其实原来并不这么叫，起码在她教我的那两个半学期里都只称杜老师。那个时候杜妈曾经在楼梯口教过我，古时对老师和长辈都得以字或官职相称，只有平辈间才可以以名相称，但她到底还是没有告诉我她的字，于是杜老师这个称呼被唤了两年，直到高三，才觉得杜老师升级为杜妈是件再不能更自然的事了，不仅亲切，而且特别。

杜妈是那种从第一节课开始就让人眼前一亮而且一直亮到最后一节课的人。我遇着她的第一个地方就是高一（6）班教室，从她上的第一节课开始就深深地为她折服，到现在我快要毕业了还是能背出她第一节课讲的话：“人处在孤独中，有的被孤独征服，有的在孤独中站立，前者在孤独中死去，后者在孤独中新生。”还有一首熊秉明的诗“母亲来信说 / 我好，你好吗？ / 我给母亲回信 / 我好，您好吗？”那节课她说了很多，美好而且有力量，像一支火把照亮了我的内心。

彼时我可以为了查一个字除了上课时间就泡在图书馆里翻大字典，好不容易找着了，抄下读音和字义给杜妈看，杜妈就很“自然地”问我做那字的偏旁部首的那个字是什么读音什么意思。我当场石化，就差飙血了，毅然决然地贯彻了一下“字读半边”的理念，果然错，杜妈就是那么坚定地否决了我，我原来以为她也不知道就是考考我，谁知她是真知道，于是我又在图书馆泡了一下午。

类似的事还有好多，往往杜妈就是知道答案，但她就是不肯直截了当地告诉我。高一那会儿我住宿，除了寝室卫生不怎么好（不脏只乱的那种），纪律方面乖得和什么似的，说不能用电脑就绝不用电脑，恰巧那天问杜妈有关“名，字，号，谥号……”之类的问题，杜妈可洒脱了，让我自己去查，用什么方法都行，只要找出答案，第二天向她汇报成果，还很好心地提示我说图书馆里有一本书里有关于这个的解释。那时候我是真单纯啊，放着电脑不用，在图书馆里边大海捞针。几乎所有语文研究之类的书还有什么知识手册都被我一一翻过，来来回回倒腾了好几遍，才最终在一本封皮“巨”幼稚而且“巨”旧的书里翻到。抄下来之后，我就再没混淆过。现在想想，那时在图书馆里，抱着无比坚定的信念和目标翻看一本本大书，心里生出无限的对答案的期待和对知识的渴求，再没有比那样更美好的学习体验了。第二天，杜妈就在楼梯口又给我细细讲解了一遍，这下再出错，我可真就该死了。

杜妈鼓励读书，简直是崇尚读书，她自己读了很多书。所以她说的话听起来格外的睿智、有力。她很擅长演讲，听她上课很大程度上也算是演讲了，我们的十八岁成人礼就是她讲的话。那个时刻，在上师大的礼堂里，乌压压一片的学生，我坐在相当后面，杜妈那天穿了件蓝紫蓝紫的外套，当她走上台的时候，恍若又回到了两年前她走进班级讲课的情景，还是那样的幽默、有力、直击主题、真诚、可爱。还是我记忆最深处那个感性而不乏逻辑的亲亲的杜妈。天晓得我那时有多么地感动，就像是又上了一节她的课一般，满心的眷恋不舍，又小小地满足着。她说她感谢我们，她的学生，带给她活力，我却想不出有什么话可以让我来表达感谢，怎样都不能完全。

当然咯，杜妈好绝不仅仅只体现在育人方面，教书那也是一流的，教书上杜妈绝对是“严师”。杜妈认为背诵是很重要的一种学习方式，所以她会让我们背很多，古文、诗词之类的。杜妈同样觉得学习应该是件很快乐，最起码赏心悦目的事情，所以她要求我们的摘抄本应该色彩斑斓，画插图，画边框，做得漂漂亮亮的。杜妈还觉得团队意识在学习中扮演很重要的角色，所以我们的周爽就采取一夫作难而全员都罚的策略，就是一个人错就全组受罚，偶尔换换口味，就是组员错的全由组长受罚，那个时候“错”是件极其可怕的事。回想一下，罚得最狠的一次是抄《屈原列传》，还抄了好几遍，几乎花了大半个晚上，开着小台灯，还要提防宿管老师发现，写了大半本练习簿，真的挺惨的，我都想不出自己是怎么样抄完的，抄的时候心里有多认命。不过就算是这样，如果可以再来一次，我会毫不犹豫地选择再来一次。

还有，我最初上高中时住宿，在食堂吃饭，杜妈也是三不五时在食堂里解决晚饭，但一开始我们并不常遇到。很可以想见的，刚进高中的学生大都精力充沛到一个极点，一顿不吃根本感觉不到什么，杜妈很快发现了这一点。这以后，凡是放学以后在路上碰到或是她值晚自习，都以一种格外突然的方式问：“吃饭了没？”我点头以为瞒过，谁知她又接着问：“吃了什么？”我暴露。这以后自然是要乖乖吃饭了。昨天傍晚原想去问英语题，碰上她在办公室，简单地寒暄了几句，她竟记得我不爱吃蔬菜，她说吃得太好会变笨的，还是多吃蔬菜好。她知道我又一次没涂答题卡，立马又变回原来的严师形象，凶凶地说要是再有下次就提根棍子去找她……不过一定不会有下次的。不被她教这么久了，她还是那样自然地教我凶我关心我，我真的是好幸运遇到杜妈这么好的老师啊。真的不会再有下次了吧。

上高二第一节课时，杜妈曾问过，高一（6）班在哪儿呢？我们说在楼下啊。她说不是，原来的高一（6）班在“过去”。那我该怎么问呢？原来的杜妈在哪儿呢？喵呜，当然在我的心里。一千个人心里有一千个杜老师，哈哈。

真的是好怀念当初的日子啊，单纯，简单，用年轻的朝气跌跌撞撞，磕磕绊绊，小心地犯错，再用豁出去的气势受罚，得到教训，抑或说是经验财富。杜妈从高二分班开始就不再教我，但始终，我都觉得她一直一直都与我同在。当我困惑，当我难过，当我愤怒，她都是那个用真诚的眼睛瞧着我，讲道理给我听的人。我亲亲的杜妈。

3 我的作文教学

【引言】

作文需要指导吗？好的作文不是教出来的，但，合格的作文可以通过指导、修改，训练出来。

高中阶段写作要求：能把握不同材料的要点，表达对材料的感受和认识；能正确把握命题要求，表达自己的真情实感和独立见解；能针对社会现象发表自己见解；能综合运用各种表达方式；能写鉴赏、评论性文字；能写几种应用文。

【案例一】我的一份高三作文教学设计：

《“我”的视角》教学设计

——材料作文的审题立意

杜　虹

➤ 教学分析

“面对连续几次不太满意的作文，我反思过什么？写不好作文只是学生的问题吗？我对高考作文有没有真正重视起来？或者只是停留在理念重视的层面上？到今天，我在高考作文方面有所为还是无所为？我的学生各自的作文水平与能力的现状如何？还有多少增长空间？”

这是我在新班级授课一个月后常常反思的问题。我希望自己不要去刻意回避应试性的指导。其实，我们的作文教学始终是无序的。但，我们高考的命题一定是有规律的，高考作文评分标准也是在不断改进的。为什么不能在高三一开始就制订一个适合自己学生的作文教学规划呢?

经过三次写作实践，我根据学生作文反映出的问题设计了下阶段作文教学步骤：

1. 带领学生细细解读上海高考作文评分尺度；(已完成)

2. 研究高考高分与低分作文。发现自己可以学习，可以避免的方面；

3. 初步了解历届高考作文；(让学生简单了解历年高考作文命题，让他们明白：命题始终关注社会现实与抒写自我感悟，突出情感与认知。暗示学生，只要做生活的有心人，你一定能够写出好作文。)(已完成，学生有了兴趣。)

4. 审题立意指导与训练“写什么”；(准备以“材料作文”为抓手，强调所有的文章都要重视审题立意。)

5. “反刍式”提纲的指导与训练；(怎么写)(用学生高中两年写的作文为“教材”，提炼提纲，发现问题，反复修改。)

6. 指导，帮助学生建立写作素材库；(写什么)(请家长协助)

7. 50分钟限时写作训练。(写)

➤ 学情分析

学生对作文的理解，就是“我”写，老师批阅，几句话，一个分数。我们高三在九月份刚刚分班，各种基础的学生组合在一起，却对作文都存在“怕”的心理，特别是高三开始接触高考作文后，学生感觉“对作文越来越没有信心”，甚至出现一种舆论：只求把字写好，其他的听天由命了。

➤ 教学目标

1. 带领学生发现我们的作文存在哪些主要的问题?

2. 掌握材料作文审题立意的基本步骤。

3. 使学生意识到思维打通了，思路清晰了，作文才可能写出味道，写出情趣。

➤ 教学重点

材料立意角度的寻找。(真正读懂材料，解读文字的多层含义，尝试着多角度思考，尝试用一句准确的话表达出自己的立意。）

➤ 教学难点

突破立意的惯性思维，突破对文字的“浅阅读”。

➤ 方法手段

启发——讨论，借助补充文字材料和课件，增大课堂容量。

➤ 教学过程设计

一、通过课前自读材料，了解比较典型的高考材料作文命题情况，让学生感受几年来作文命题的变化。思考：命题提供的材料真的让我们无话可写吗？

二、出示范例。思考：我们对作文的“恐惧”，到底原因何在。

三、作文命题形式的变化：新材料作文的命题要求。

目前大多数“新材料作文”新就新在立意要求上，“要求全面理解材料，但可以选择一个侧面、一个角度构思作文。”所以如何“全面理解材料”，再从中“选择一个侧面、一个角度”，成了新形势下作文写作的难点。

四、指出材料作文审题立意的基本步骤：（不必神化，只是示范）

面对材料，我们不要笼统地东抓一把，西抓一把。可以对材料先做如下的梳理。目的：如何让文章的立意更新颖、更高远、更深刻。（让学生在实践中感觉自己可以做到。）

【第一步】：整体概括：发生了什么？

【第二步】：追问原因：为什么有这样的事？为什么会有这样的结果？进行理性的思考，这个过程非常关键。

【第三步】：确定立意——“我”的视角。

立意 1——　立意 2——　立意 3——

【第四步】：哪一个立意，可以让你顺利地写下去？（下一节课就是讨论在有了立意之后，如何选择，怎么写。）

五、聚焦一则材料，讨论分析：“慈善”。

六、集思广益，聚集大家的智慧，让同学们看到“成果”，但也要看到依然存在的问题。

七、让学生总结本节课收获。

八、思考：明白要“写什么”了，接下来就要考虑“怎么写”。

小结：“凡作文立意，第一番来者，陈言也，扫去不用；第二番来者，正语也，停止不可用；第三番来者，精意也，方可用之。”——陈绎《文论》

➤ 作业布置

从“立意”的角度，评价五篇同一材料的作文，提出修改意见。

➤ 课后思考

对于写作，我自己感觉我们的专家和我们的老师各执己见，争论不休。而我们的学生无法改变他们日益狭窄的生活面，日益简单化的生活经历。如果我们依然坚持“我手写我心”，还要求写出深刻的文章，那我们只好取消高考作文，或者干脆纯自由写作。但我们都明白，这不可能。所以，在抱怨之余，我认为适当的写作指导是非常有必要的。这不仅是应试，写作也是有规律的，过于放任，只会让我们的学生的书面表达水平更加荒漠化。这，是我们不希望看到的。所以我坚持着自己的尝试。

【案例二】

我认为一个语文老师，不自己出作文题、写作文，所有的指点都是“指手画脚”，难有成效。

列举几个我的作文题目设计：

例一：阅读下面材料，自选角度，完成一篇900字以上的文章，文体不限，题目自拟（希望大家好好酝酿题目），自己的角度，自己能够求证的观点：

一审判决前，复旦投毒案嫌疑人林森浩接受中央电视台记者专访，问他收监后在干什么，他说，在看书，看小说。问他为什么看小说，他说：以前没看过……

二审判决前，再次采访，依然是这个问题，他这样回答：“我从前段时间恢复看书（二审律师介入后），看经典名著，如托尔斯泰《复活》。聂赫留朵夫年轻时对不起一个女孩，当他看到那女孩就愧疚，后来做了很多好事，完成了自己的救赎。

“我现在最大的感受就是如果缺乏社会阅历，就必须有阅读的习惯。我以前大部分时间在应试教育上，文学、宗教、哲学方面的书就看了大概三本，《围城》《活着》《三国演义》。如不阅读书，看看电视剧也好，电视剧里也有很多人生道理。我生活太单调，除了做实验，就是运动，我记得有个师姐说我情商太低。……”

这个题目是我看了节目后马上想到的，因为事件就发生在身边，学生对其非常关注，也很困惑：一个学霸，怎么会如此？所以，这个题目启发了学生，他们从很多角度去阐述。

例二：近日，周立波调侃汉服事件引发热议，方文山的指责与黄健翔的力挺又促进了事件的持续发酵，虽最终证实是乌龙一场，此“圆场”非彼“援场”，但汉服所牵动的民族主义争论却值得思考。在眼下如火如荼的汉服复兴运动中，相比于同胞们的满腹热忱，大众们的态度却始终是无可无不可，着汉服上街依然是一种“奇观”。复兴不利于行、不便于劳的汉服意义何在？所谓的“汉服热”会不会只是同胞们的集体臆想与形胜于质的孤芳自赏？西方文明早已浸透、日韩文化不断涌入，祭出汉服只是为了打响文化自卫反击战吗？被迫中断了自身传承的汉民族，重拾起汉家衣冠，又能否重新觅得失落的乡愁与荣光？

（附：新民网·独家报道　在浙江卫视 2015 年 6 月 27 日播出的《中国梦想秀》上，一群展示汉服文化和中国传统礼仪的年轻人，遭主持人周立波大泼冷水。其不但将汉服说成朝鲜服，还讽刺这些年轻人“晚上九点半以后走出去，肯定走得是像援场一样的”“哪个洗浴中心的”。29 日，著名词人、《青花瓷》作者方文山就在微博上公开斥责周立波，直言其太夸张，对传统文化知识知之甚少，若是一时失言，请坦诚认错改正。）

请你根据以上材料，选择一个自己可以表达的角度，完成一篇有思考，言之有物，言之有序的文章。

为什么选择这个材料，因为学生成立了一个汉服社，社团活动时，他们着汉服，此举引起了同学们的各种议论。恰好看到这则消息，把它引入课堂，先让大家七嘴八舌，畅所欲言，然后，逐渐分析现象背后的思考，在一节课的漫谈后，再完成写作，写出了很多有见地的好文章。

例三：看很久不看的《读者》，命题灵感顿现，我随手整理了一些：

1. 莫扎特的建议：一位年轻的作曲家去拜访莫扎特，想请教如何发展自己的天赋。“我建议你先试试简单一点的东西，”莫扎特说，“比方说，歌曲。”“可是，您还是个孩子的时候就开始创作交响乐了！”此人抗议道。“没错。不过，那个时候我用不着请教任何人该如何发展自己的天赋。”

2. 青埂峰下，一僧一道告诫灵性已通、凡心正炽的顽石：“凡间之事，美中不足，好事多磨，乐极生悲，人非物换，到头一梦，万境归空，你还去吗？”顽石曰：“我要去。”——阿白《枕边书》

3. 周星驰：“我很孤独”用英文怎么说？莫文蔚：I love you

4. 像孩子一样遇见　像老人一样别离

5. 抗日期间，让我情有独钟的故事：日本侵华伊始，中国全国总动员，年轻的女学生们走上街头，欢送刚刚应征入伍奔赴抗日前线的中国好男儿们。一个女学生走近一名年轻的新兵，问他：“你认为我们能打赢这场仗吗？”那年轻人微笑着说：“一定能。”女孩子被战士的乐观感染，高兴地追问道：“那仗打完后，你准备干什么呢？”战士想了一下，表情凝重地说：“那时，我已经不在了。”

我整理了很多可以打动自己的素材，有时候，把它们给学生，可以是一次“随笔”，也可以是一次作文的引子，这样做，是要让学生意识到，写文章是在记录自己的成长，自己的思考，自己的审美需求，自己的生命关照。有的学生实在没什么可写了，就来向我讨要这些“片言只语”。

例四：命题作文《被需要是一种幸福》

什么是幸福？为什么现在有那么多人感到不幸福，真的只是因为我们可能买不起房子，可能过不上好日子吗？我想这不仅是让社会纠结的，也是让我们的学生感到困惑的，因为学生是社会的一部分。

我为什么出这个题目？

作文命题一定要切合学生生命发展的需求，闭门造车式的写作训练肯定是乏味的，不能诱发学生思考的作文，只能是为形式而形式的机械训练，我不赞成。

“与别人无关，与潮流无关，甚至与这世界都无关。我们所需要做的，只是努力去做一个更好的自己。”这是我常常在学生随笔中看到的思想，其实，这也是社会上很大一部分人的思想。追求个性并没有错，但一个人如果只追求个性，不能关注“共性”的规则、需求，那么如何去培养人的责任意识呢？在给学生讲授了古代的《陈情表》，近代的《与妻书》之后，让学生看到世界除了有“小我”之外，还有一个“大我”。在此基础上，让学生思考“被需要是一种幸福”。

其次，这个命题作文除了有现实意义外，在语言形式的选择上也可以比较灵活，可以议论，可以抒情，亦可以叙事。有“留白”的作文命题，才可能给学生提供写作的动力，思考的动力。

学生写出了一些自己的东西：

被需要是一种幸福

方　烨

当今时代掀起一阵新文化，名为“宅文化”。越来越多的人选择窝在家中享受专有的自在。随着科技的飞速发展，网络成了人们的必需品，如毒药一般让人难以摆脱，禁锢住大多数人的脚步。我们可以在网上购物、看电影……做一切自觉是自然的事。因此，交流少了，自我的时间多了。

我们开始难以理解合作的快乐所在，春节的相聚也似乎只是逢场作戏，在公车上或是地铁里常见的是各自埋头玩弄着手机。尽管地球的人口在不可收拾地膨胀，这世界似乎变得愈来愈热闹，可只觉自己愈发孤独。

每个人看似都自愿地将自己关闭在只属于个人的小匣子中，不食人间冷暖、各人自扫门前雪似乎是当下最合适不过的人生态度。但为何在这自以为是，也可说是大众化的态度下的人们，活得日渐茫然呢？幸福指数在无情地降低呢？

“你要努力学习，将来才能找到一份好工作。”这句俗得透彻的话差点将我耳朵磨出了茧。似乎一份好工作是我人生的着落点，毕生的追求了。我从未苟同。

我站在人头涌动的街头，形形色色的人与我擦肩而过，我不知他们的何去何从，他们究竟是为了什么而奔走，到底在寻找什么呢？

那些被压榨在租金蹂躏之下、四处奔走投放简历的市井之民，我宁可相信他们是在追求一种能在社会立足的被需要感。起码他们没有随着大流，蓬头垢面地宅在家里没日没夜打着游戏，他们在努力寻找幸福。

我不禁思考起来，人生的意义究竟是什么？平白无故地来这世界溜达一遭？甘心吗？灰脸土气得什么都未能留下？质问吗？倘若将工作换个角度，看待成服务他人；倘若将生活态度换个角度，看待成寻找幸福，那么，迷茫感会不会消失许多？

某年春节前夕，想和母亲去买水果，但发觉所有的水果摊都撤空了，这时才猛然惊觉昔日看来渺小到不行的销售摊位原来对自己而言是如此重要；曾去过一家理发店，某个理发师十分称我意，但就在某一天，这家店的其他人告诉我他回老家了，不干了，自此以后我总会怀念起他好久……

任何一个，不论以什么姿态活在这世界某一个角落的奋斗者，他们都是幸福的，因为他们被那么真切地需要着。同样，也是那些在自我空间里的狂欢者永远不会懂得的，片刻欢愉剩下的，只有无尽的落寞罢。

教师点评

城市化时代，一幢幢高楼拔地而起，钢筋水泥组成的“小匣子”已经逐渐将人们分离。这个“小匣子”也便成为有些人的天地，于是有了宅男宅女、剩男剩女的出现。然而那些不被人注意，但又不可或缺的人们，却在这“被需要”中找到了他们的“幸福”，从而呼吁人们，从“小匣子”里走出来吧，在“被需要”中实现人生的价值。小作者正是从这一角度切入，视角独特，立意新颖深刻，有现实意义。但美中不足的是段落之间缺乏必要的过渡语句，因而前后的逻辑勾连显得有些突兀。

被需要是一种幸福

洁　萍

幸福，是什么呢？有人认为，幸福是拥有财富与无忧无虑的生活。而有人认为，幸福就是一种感觉，是一种无微不至的爱。其实，幸福没有定义，但在我们的心灵深处总存在着。

曾经在博客中看到一篇文章，是讲述一位身患绝症的女子在临终前的事情。作者是她的丈夫。男子在博客中描述妻子在得知自己患了绝症后并且时日不多时，仍然每天准时起床，虽然已不去上班，但她依然忙个不停，将家务全部承担了。丈夫心疼她，让她好好休息，而妻子却一脸幸福地说：“对我来说，为我爱的人做一些事是快乐的，同时，也让我知道我是被你们所需要的，我在你们的生活中还有一定的价值与意义。”是的，对她来说，在短暂的时间内，为她这一生爱的人做事情，并且能感受到自己的存在与价值是幸福的。她幸福地等待死亡的来临，在临终时不带走一点遗憾。

其实，很多人都想让别人的眼球集中在自己身上，也想让自己多帮助他人。随着现代医学水平的发展，许多老年人都还健在。一位长寿老人已年过100，而她的儿子也年近80，虽然老人不能行走，整天坐在轮椅上，但她面色依旧红润。每天都与儿子一起去菜市场买菜，当周围人与她打招呼，喊她老寿星的时候，她的脸上绽放出无比的幸福，并且把自己纳的鞋垫送给他人，若是他人不要，她会像孩子一样生气。只有人家接受，她才会很快乐，很幸福，因为她觉得在生活中自己仍被需要着，在未知的岁月中还能为他人做一些事情。现在，我们的身边一定会有这样的长辈，那么请记住：当他们给予你帮助时，不要拒绝，让他们感到被需要的幸福。

生活中，往往有人会感到难过与孤独。这并非他们的身边没有人陪伴，而是他们感到不被人需要。电影《星空》中的那位女孩小美有时会感到伤心，常常在房间中闷闷不乐。虽然她有舒适的大房子可以居住，有许多玩具可以陪伴，但在家里面对爸爸妈妈却没有快乐而言。因为他们忙于工作，在他们的生活中都不需要小美。唯有她与爷爷在一起时，脸上才会拥有笑容。那是因为爷爷需要她，只要小美快乐幸福，那么爷爷也会快乐幸福。在爷爷身边，小美感受到自己对爷爷的需要，自己被需要着。其实，孩子都是喜欢跟爸爸妈妈待在一起，并且还很喜欢为他们做一些事情。有时候休息在家，当我为父母做一些事情时，我会感到很快乐，很幸福。因为我渴望被他们需要着，我希望自己在父母眼中有一定的影响。对我而言，被家庭所需要是一个极大的幸福。

幸福，需要我们去寻找，也需要我们去体会。我们应该去体会那种被需要的幸福。

教师点评

生活是作文的源头活水，也是幸福的源泉。作者是善于关注生活，关注现实社会的，更重要的是从自己的心灵出发，在被需要的幸福中感受到无数人内心小小的渴望和满足，唤起更多人的共鸣。

文章语言平实，不事雕琢，读来却十分亲切自然，由心而发，不矫情，在如今华而不实的文章堆里反而显其可贵。可惜选取的三个事例是同一个角度和层面的，被需要的范围和领域其实可以更广阔，作者的视野和触角能否更深远一些？

被需要是一种幸福

小　马

“到哪儿啊?”一个沙哑的声音从身后传来。转身后，眼前是一个大概四十多岁的妇女和一辆陈旧的三轮车，在风中显得尤其消瘦，但她依然带着微笑。我本想说点什么，却不知为什么，打消了这个念头，只是摇了摇头。那原本还带着一丝渴望，一丝微笑的脸庞突然黯然失色，取而代之的是无奈和失落。车从我身边缓缓驶过。她的疲惫无力的背影没有一点的快乐和幸福，或许她只是在寻找一个乘客为自己和家人赚一点钱。想到这，我停下了脚步，叫住了她，“去海边吧”，我说。她立即转过身拍了拍那已有些灰尘的座位，但不同的是，她微笑着，我也是。

至今这件事还常常浮现在我眼前，是因为她的微笑显得尤其的美使我明白我也能让别人快乐，至少能让她保持微笑，我也为这一丝的欣慰而感到幸福。

现如今，很少有人会意识到自己一直都是个被需要的人，很少去发现那些需要帮助的人，然后尽自己所能帮助他们。哪怕只是为了挽留最后的微笑，自己也会觉得幸福。

街道上偶尔遇到的一个乞丐或是一个所谓的捡破烂的人，他们往往已经尝尽了生活的苦难和那些世间最丑陋的嘲讽。对于他们，我们没有资格指责和议论，你有你的职业，而这，是他们的。面对他们，也许只是一个发自内心的微笑，对他们来说也是一种莫大的鼓励和安慰，至少让他们了解，你并没有藐视和嫌弃他们，让他们能带着微笑去生活，而自己也会因被需要而感到幸福。

倘若你不曾发觉自己是被需要的人，也不曾认为被需要也是一种幸福，那就静下心来，反省自己。想想日夜为你操劳的父母。岁月无情地摧残着他们，他们苍老了，孤独了。他们需要你的关爱与呵护。这种爱是温暖的，美好的。就像初春的一束阳光融化了残留在老树上的白雪，使它们容光焕发。温暖着老树，更温暖着树下的你。

只是总有些人不愿付出，将父母狠狠地推进养老院，却还带着“您在那会被照顾得很好，一定会幸福的”这种片面之词。可是，面对现实静心思考，当一个老人听到自己的亲生儿女说出这样的话，相信他们心中仅存的那颗叫做微笑的种子也已应失去阳光而枯萎。所以，让这颗种子发芽吧，因为它会开出世间最美的花朵。享受着它的同时，自己又何尝不会感到幸福和满足呢？

被需要是一种幸福，铭记自己是个被需要的人，然后享受这属于另一世界的幸福吧。

教师点评

我非常喜欢文章开始的一段描写，简单，却真实。恰好就是这一段安静的描写，才开始了小作者内心的反思，可能也恰好是这一段朴素的描写，让读者在“似曾相识”的感觉中，愿意把文章读下去。常常看学生作文，但常常感觉“空洞无味”，或者“大话连篇”。议论是头头是道，但空虚无力。感受一定要来源于生活，而生活中的细节，却可以在不同人的眼中看到了不同的色彩。小作者在这个细节中开始了自我反思，自我成长，这是文章的优点。当然，文章的语言表达有几处比较“涩”，不流畅，大约是当堂作文的原因，也可能反映出“腹稿”的思路尚不够畅通。

被需要是一种幸福

伊　娇

生而为人，踽踽独行，在我看来，被需要是一种与他人的美妙联系，被需要是自身价值的体现，被需要是一种幸福。

人的本质是孤独的，然而被需要给人以归属感与依附感。我们被亲友需要，因为爱，我们被社会、世界需要，因为更为深刻的大爱所衍生出的责任感。

古语有云：“各人自扫门前雪，莫管他人瓦上霜。”这句话无疑将自私与自我的心理几近发挥到了极致。曾经我也一度是个过于注重自我的人，直到建立起真正的责任感，直到明白应该如何去增加自己价值。

不得不提的是乔布斯，他所带领的苹果公司的成功是全世界有目共睹的，苹果公司的成功可以说绝大部分都取决于乔布斯的热情与营销模式。如今他的离世带给苹果公司的不仅仅是沉重的打击，以我的个人观点来看，同时，很可能造成苹果公司销售格局、技术创新方面翻天覆地的变化。而乔布斯的离去，也同时让全世界期待的目光黯然，创新与销售方面的天才乔布斯影响的不只是一个苹果公司，更是一个时代！乔布斯将被需要发挥到了一个巅峰值，他身上承载着全世界人民的热爱与期待。他幸福么？答案必然是肯定的。正因为被需要，他的价值才被最大化地认可，因为被需要，他所做的一切才变得更有意义。

反观当今社会的人们，实则他们每一个都是被需要的。然而如今又有多少人因为找不到生活的意义而颓废甚至结束生命，其实社会需要他们每一个人的努力来构建到更好。每一个“小我”的自身价值最大化都是为了成就一个“大我”，而每一份小爱的点滴汇聚都是聚流成海的必要条件。诚然，当今社会人们对此的认知并未达到一个应到的高度，诚然不少冷漠的社会现象与道德问题仍在网上被不断爆料，但与此同时，我坚信国人的意识正在被唤醒，不然不会有那么多声讨的声音，亦不会有如此多的自省与觉悟。纵然“道德荒漠化”这一说正使得人心惶惶，但我坚信的是，大家都在渐渐意识到自己是被需要的，被社会所需要的。社会现象并非“他人瓦上霜”，而是每一个其中的我们必须引以为戒、用以思考的。正是因为这种被需要的感觉，在为社会担忧、愤慨的过程中，我们也收获了一份共同建设社会的使命感。

韩寒由不羁的少年成长为如今有担当的青年是一个过程，当年汶川大地震牵动着全国人民的心，他第一时间就携带几十万元和很多物资亲赴赈灾现场。而在胶州路大火当天，恰好在附近的他拍下了不少影像资料，在他的博文最后没有激烈的言辞，只有：愿逝者安息，生者能掌握更多求生技能，在这个世界上安存。这样一句甚是温情的结束语让我不由得感叹，当年犀利的、喜于针砭时弊的韩寒确实成熟了不少，而我也从一个不谙世事的孩子变为了社会中的一员，变得对时事愈发关心。韩寒为什么会有这些变化？不正是由于一种被需要感，正因为这种被需要，他才会第一时间拍下大火的全过程并与社会中的其他成员分享。或许正是这种被需要感所衍生出的归属感令韩寒也温柔起来。

被需要感当真有那么大的魔力？答案是肯定的。一位母亲会任劳任怨地为孩子和家庭付出，是因为她被需要；一个工作者，会满怀热情地投身于事业，是因为他被需要……每一个被需要的我们都是满足又幸福的。

被需要感能给人以动力，能磨平我们自私的棱角，更能融化我们心中冷漠的冰霜。被需要是一种幸福，当每一个平凡的小我都乐于品尝这般香甜，大爱的醇香自然积淀而成。

教师点评

千万别以为文章有很多套话，对这个聪明却很任性的孩子，意识到“曾经我也一度是个过于注重自我的人”有多难。“乐于品尝”是她生命成长的一个阶段，这个作文题，也许在无意中帮助她建立一个新的坐标系，不只有自己的坐标系。

被需要是一种幸福

王　月

一个人存在的价值不在于为自己创造了多少财富荣誉，而在于有多少人需要自己。不被需要的人似乎没有多少存在的价值，被他人需要才是一种幸福。

常有人说“80后”是一群怪物，一群孤独自私的怪物。社会如果交给“80后”定会前景堪忧。而“80后”却用自己的行动证明着他们只是思想独特，行为新潮，但他们是被社会所需要的新兴力量，而他们也在享受着这种被需要的幸福。

曾经的韩寒是一个彻头彻尾的愤青，他叛逆、他疯狂，他用犀利的笔发泄着对世俗的极大不满。“一句话非要反着说才会好听”，这在现在的韩寒看来是多么的可笑啊！青涩狂乱的年代已然逝去，韩寒成长了，他开始用冷静的目光观察社会，他开始用调侃的方式批判社会……在他的文字中，冷静理智已渐渐取代当年的肆意飞扬，而他的中肯批评恰恰是促进社会改革所需要的，社会需要这种成熟，需要这种宽容，需要这种理智的批评。我想现在的韩寒是幸福的，因为他的冷静和理性批判被社会所需要，被大众所需要。

那么我们其他社会成员呢？在当今钢筋水泥的丛林里，我们每一个社会成员似乎都被封闭在一间小屋里独自存在着，人们为了物欲的幸福熙来攘往，忙忙碌碌，似乎身边的人和事与己无关。我承认修身为先固然不错，但不闻窗外事只求独善其身，却不是这个社会所需要的。其实独善其身的人往往无法达到真正的“善”，因为他于社会没有创造、没有贡献、没有批评、没有改进……他不为社会所需要！人是社会人啊！当他不被他人需要时能感受到幸福吗？我怀疑！

时间在流逝，“80后”长大了：汶川地震后，在各地积极募捐的“80后”，还有赴前线救灾的十余万“80后”志愿者！更有几十万“80后”士兵让人们刮目相看；北京奥运会上，上海世博会上，几十万“80后”志愿者让“80后没有社会责任感”的舆论不攻自破……中国年轻一代积极向上的形象在“80后”的努力中竖立起来啦。他们爱国，他们善良，他们有责任感，他们正被社会需要着，他们也在这种被需要中感受着幸福。

谁说“80后”是“垮掉的一代”“迷失的一代”？中国未来发展恰恰需要他们，他们将成为这个社会的中流砥柱，因为他们正勇敢地扛起社会责任，相信他们也一定能感受到这种被社会需要的幸福。

教师点评

我看了这篇作文，问他：你觉得“80后”是中国的未来、中流砥柱，那你们呢？你们这些90后呢？他说：我们也不会差，可是我感觉自己很少被需要。这篇文章，这段对话，让我明白，孩子们，渴望被认可，渴望有所承担。相信，不久的将来，文章中的“他们”会变成“我们”。

【反思】

语文老师，花时间最多的是作文批改，但收效最慢的也是作文。我们常规的方法就是命题、写、批、评价。学生拿到老师熬夜批出来的作文，看看分数或者等第，结束。

但作文非常重要，自觉阅读到写作自觉，这正是我们语文教学的目的之一。可是，真正最困惑我们的，不是老师怕批改作文，而是怕自己弄不清楚什么算好文章，什么算得高分的好文章。我们要不要给学生训练写作套路？起转承合是不是套路？肤浅与深刻到底如何界定？为什么随笔洋洋洒洒，考场作文忸怩作态？这些都是问题，但这些不是全部的借口。一个人，他一定会有表达的欲望，关键是，我们如何让这些表达更清晰，更恰当，更心甘情愿，这是大问题。

其实我的作文指导还是比较随意，如何让作文指导更有序，这是我目前一直在试图突破的地方。

4 寻找写作中的真实元素

【引言】

每次接手高一新生，看到他们的作文，常常很悲哀。为什么？文采斐然，填满了“好词好句”，但缺乏温度。我常常觉得文章中表现出的他们，生活在半空中，不接地气。周围的人，周围的事情，社会的变迁似乎与他们无关，好像不写点惊天地泣鬼神的内容，决不罢休。

这与他们生活面狭窄有关系，但这一定不是唯一的原因。

我的第一次作文指导一定是：寻找写作中的真实元素。

【案例】

对一篇初中作文，华东师范大学中文系的赵志伟教授拒绝打分，他认为这篇作文太过虚假，“作文的题目叫‘我感动了身边的人’，写的是喜欢跳舞的‘我’骨折了，但拄着拐杖的‘我’还是坚持在课堂上参加训练，身边的人都被‘我’感动了。但是，我告诉你，我自己不久前刚刚骨折过，知道骨折意味着什么！休养时只能静坐，不能接受这种高强度训练，因为你的身体承受不了！你的医生、家人、老师也不允许你这样做！”赵教授在发出这通感慨之后被告知：这篇作文就是一线初三教师评出的优秀作文，满分 60 分，它得了 58 分。

当我给学生看这一段材料时，学生七嘴八舌：我们经常这样写，还有同学编造家人得重病的，死去的，编造心灵鸡汤故事的，还有实在没得写，就排比的……

我让大家思考：

① 无话可写？

② 有话不会写？不能写？不敢写？

③ 我的生活太平凡，所以……

④ 我的生活太单调，所以……

⑤ 怎么可以写出“高尚”的东西？真实的生活，就没有高尚吗？

接着，我会选取几个作文片段，让大家思考：真实吗？

“我中考前成绩越来越差，心情也越来越差。在吃晚饭的时候，爸爸拉着我的手，来到楼下的大树下，深情地说：‘孩子，你知道大树是怎么长成参天大树的吗？不经历风雨，怎能见彩虹？’”

——摘自第一次月考作文

（讨论：真实吗？谁的父亲这样和孩子讲话？生活不是如此，艺术也不必如此。）

“那是一个阳光明媚的秋日的下午，我静静地趴在曾祖母的腿上，摸着她干了一辈子农活的手，晒着日光。

互相喂糖吃……

我天真地抱着曾祖母说：‘要是能一直抱着曾祖母就好了！’她摸了摸我的头，说：‘孩子，要懂得自己面对问题，遇到困难不要退缩，不去尝试怎么知道你不行呢？’

我一直牢记这段话。

……

心中涌起了一股力量。”

———摘自期中考试学生作文

（讨论：您的曾祖母真的这样说话吗？）

普普通通的生活中到底有没有值得写的？把普普通通的事情写出来，立意一定不高吗？

最后，我会把自己学生的习作给大家看，看看他们写了什么，思考他们怎么写的。

06 届谢俐：吃螃蟹（三次修改）

摘要：原以为吃螃蟹很容易，故极爱吃；去同学家，才发现自己不会吃；回家想：为什么？原来每次都是那个讨厌的老爸把蟹肉、蟹黄剥好……

06 届蒋一翔：两岸通航（高考前一模）

摘要：用刚刚发生的新闻热点，来论证"和谐"。

06 届某同学：家庭交通工具的变化

摘要：从"凤凰牌自行车→电瓶车→家用轿车"，来诠释"变化"。

09 届沈书帆："电子竞技"（牢骚满腹）

摘要：我的"电子竞技"家长老师们都不懂，还指手画脚，胡乱批判。不懂不必装懂。

09 届何洁：写日记（高考前一模）

摘要：原来，写日记，就是一种坚持。

10 届：陈德洁（话剧情结）

摘要：从《于无声处》开始，我与话剧结缘。

10 届：杜心妍（"cosplay"情结）

摘要：我不孤独，因为我有 cosplay。

我校一位职工：石头情结

摘要：我带着学生去玩赏同事的石头，学生问我：这有什么意思？我说，对那个人有意思。于是一个学生以《对他有意义》写了一篇文章。

看了这些写出真我的素材，再请大家思考：

小之"我"：我是谁？我来自哪里？我要去哪里？

大之"我们"："我"的视角看"我们"：

自然环境，人文环境，社会环境。

我的家庭，我的社区，我的城市，我的祖国，我的世界，我的网络。

从“把人当作人”的角度看待所有的人（你知道所谓的“边缘人群”吗？——贫困母亲，空巢老人，留守儿童，“他们”也可能是“我们”）。

我们的物质世界，我们的精神世界。

身边的变化（我们的家乡有哪些变化？）。

追问：想到过这些吗？虚构有错吗？不虚构可以吗？生活中的真实元素都不值得写出来吗？

命题作文，就一定只是“脚镣”吗？流水账是真实的，但只有流水账就够了吗？

这样一连串的追问，学生在晕晕乎乎间，会慢慢开始清醒。

当发现大家开始意识到“求真”是写作，更是做人的基本要求时，我会推荐一些有温度、有人生关照的好文章，逐渐加深学生的认识，这个过程会延续半学期。

【反思】

黄玉峰老师在一篇文章中写道：我们的语文教学怎样才能使将来的中国少一些假睡、假瞎、假聋乃至假正经、假糊涂、假慷慨、假热情、假积极、假革命、假什么什么的人呢？

虽然上面的话是有所指的，但每次和学生聊作文，常想起这句话。

如果一个人，不愿意观看自己的生活，如果一个人只有自己的生活，如何可以凭空写出深刻的、立意高的文章呢？

同时，批作文的时候，我们要仁慈，要换位思考，否则，一个分数会把学生探求真理的起点变成终点。

同时，我们绝对不能不懂装懂，指导不了，就推荐好的范文。

5 孩子们，一起来解读

【引言】

我的语文课，有时候会脱离文本，延伸文本，我痛恨照本宣科，我不满足于按照教参进行所谓的“文本解读”。我常常告诉学生，这篇文章我还是弄不懂，你们要帮帮我。我希望学生读完一篇文章，不要急于下结论，要再读一些相关的文章，在对照中形成自己的判断。说实话，这样做很累，也提高不了分数，但只有这样做，学生才可能通过阅读成长。

【案例】

“语文教育转向文学，特别是现当代文学，就像渔夫打开了装着魔鬼的瓶塞，放出了魔鬼，要收服它是很难的，要有点智慧。我们不愿意直接面对它，是因为它太复杂。”不记得这是在哪里看到的一句话，感觉很真实，说出了我们在学习文学作品时的尴尬。二十年前，我们在听老师讲《项链》时，对小说主题是批判资产阶级的虚荣心毫不怀疑，但如果现在老师再完全按照这个想法去传授，一定会受到学生的质疑。所以，有些语文老师认为文学作品太难讲，课堂常常走两个极端：要么一个观点去灌输，要么任凭、甚至放任学生去解读作品的主题。我个人认为，这都是错误的。文学作品的最大魅力就在于作品字里行间大量恰到好处的“留白”，其中可以产生许多思考。文学作品的主题既是相对凝固的，又通过不同读者的眼光变得丰富多彩。这，恰好是我们课堂可以利用的资源。作品是相对稳定的，而我们的学生又都是个性化的个体，为何不能通过恰当的启发，让学生自发地阅读作品，提出自己的问题，再沟通探讨问题，围绕文本去多元化地，但又不是空穴来风地解读作品主题呢？

《一碗阳春面》是一篇日本作家的小说，小说情节简单，有时间、空间的跳跃，但阅读没有难度，似乎小说的主题应该非常清晰、简单。小说体现了人与人之间的温情，懂得艰苦奋斗、敢于迎接挑战的品质。这个主题相信读者都可以体会到。小说也非常有感染力。这样一想，似乎这篇文章根本不用去探究。所以，我一上课就把这些感受和学生分享，大家一起想一想，这节课我们可以做什么。

我希望了解学生到底从文章中看到了什么，想到了什么，因为现在的学生毕竟离小说描写的那个时代有了距离，而且，现在的社会，很多人对这种温情的东西容易产生怀疑。于是我利用“预习学案”的方法，首先了解学生的阅读现状，再设计教学流程。我的预习学案预设了这样几个问题：（一）自读鲁迅小说《祝福》，重点关注祥林嫂生活的社会环境（她的遭遇，她周围人的态度，她所处的社会）。（二）这是一篇情节不算复杂、跌宕的小说，但却吸引了不同国籍、不同年龄、不同经历的许多读者，你认为这篇小说为什么能够取得这样的艺术效果？（三）课文《一碗阳春面》中，最让你感动的是哪一个人物，哪一个场面，哪一个细节？请简要分析。（四）老师在网上搜集了许多网友对《一碗阳春面》的点评。其中有一个帖子这样写道：“小说很感人，但它只能是小说。而现实是残酷的，现在的社会不可能再有这样的母子三人。即使有，也不可能有那么善良的老板，老板娘……”对此你有什么看法？你认为生活中会有这样的人和事吗？（要具体，有说服力）（五）阅读了《一碗阳春面》后，你有没有发现什么问题想和大家一起讨论，如果有请陈述出来。

这样设计的目的是希望用问题带动学生去反复阅读，不仅读出掉进“一亿滴泪的海”的感动，还希望在阅读中与自己的经历，与其他作品进行比较，联系自己的阅历去挖掘文本的主题。经过学生两天的自主阅读，我一共搜集了 70 多个问题，其中比较集中的问题如下：

（1）题目可否改为“两碗阳春面”“阳春面”？（2）“幸福的桌子”到底是由谁打造的？（3）结尾的景物描写起什么作用？（4）文中为什么三次写母亲穿的“不合时令的斜格子短大衣”？（5）“一年又是一年，可母子三人还是没有出现。”为什么情节突然中断？在写作上看，有何作用？（6）这篇小说是从谁（母亲？孩子？老板？老板娘？顾客？）的视角进行叙事的？（7）当弟弟开始读《一碗阳春面》的作文时，哥哥“感到很丢脸”，当弟弟“激动地大声朗读时”，哥哥的“心里更感到羞愧”。这里的“丢脸”与“羞愧”是否为同样的原因？（8）人是否必须在磨难中才会成功？

特别有两个学生分别对两处描写进行了这样的解读：

“‘唔……阳春面……一碗……可以吗？’那女人怯生生地问。那两个小男孩躲在妈妈的后面，也怯生生地望着老板娘。”

学生点评

读到这里，我的心不由得一紧，暗暗想道：如果遇到拒绝、冷漠、嘲讽，他们又可能会怎样呢？他们的人生会不会发生巨大的变化呢？

“老师出的题目是，《你将来想成为什么样的人》，全体同学都写了。弟弟的作文题目是《一碗阳春面》。一听题目，我就知道是写北海亭面馆的事。弟弟这家伙，怎么把这种难为情的事写出来，我这么想着。”

学生点评

读到这里，突然觉得小说非常真实，哥哥的这种心态我就常常有。我甚至有时候因为母亲在超市工作感觉特别难为情，怕同学知道。但读到这里，我似乎明白，能够把自己彻底打开，不再保守那么多不必要的秘密，自己才能够真正快乐。老师，我的理解一定很肤浅，大家不要笑我。

分析学生提出的问题以及对文本的解读，起码说明学生真正进入了文章，是反复阅读后得出的结论，有的学生把这位母亲与祥林嫂进行了深刻的比较，自然地就关注到了他们生活的不同的社会环境。

有了这些准备，我就要充分利用学生的资源，对小说的主题进行分析，在避免无源之水似的牵强附会理解后，鼓励学生对小说进行多元化解读。我设计了这样的教学流程：

教学步骤	教师活动	学生活动	设计意图
导入	朗读第一节。	打开书本，来到小说的氛围中。	引导学生对文章有个整体的把握。
走进文本	引导学生思考：这部小说为什么如此有吸引力。	结合小说的特点，从多角度思索。但一定要把思考落实到文章的字里行间。	宏观把握学生有目的阅读，调动学生利用已有的小说基本知识理解文本。
交流学案	点评“预习学案”的完成情况。聚焦主要问题：小说让你最感动的是什么？	充分调动学生发言，交流自己的理解，尽量把点评权也交给学生（人物的描写、时间、环境的安排）。	完成教学重点：品味小说中的精彩细节。感受小说中的人与人之间的温情，理解小说的主旨（品味的基础是文章中的描写）。
交流学案	展示几个学生在“预习学案”提出的典型问题。	思考，讨论。	让学生明白：只有自己提出的问题，才能诱发思考欲望。
交流学案	提出一个有争议的问题（网络上的一个帖子）。	各抒己见。	思想的交流会使每个学生对文章的理解更深入。让学生明白，文学永远是社会生活的折射，优秀的文学作品能促使我们去反思自己的生活。
布置作业	比较阅读：《祝福》中的祥林嫂与小说中的“母亲”。	讨论：同样的遭遇，为什么结局如此不同？	范例迁移：通过比较，理解环境对人物的巨大影响。

课堂完全是学生交流的空间，我只是利用电脑，将学生学案中的有代表性的观点展示出来，让学生互相评价，互相探讨，各抒己见，充分发挥他们的自主性，共同探讨小说的主题。由于看到课件上自己的名字，大家讨论的积极性调动起来了。我只是不断要求他们整理出主要的观点。这节课，我非常轻松，学生非常忙碌。最后，对小说的主题，学生共同认同的有以下几点：（1）温暖，每个人内心的渴望。（2）贫穷，不必成为我们自卑的理由。（3）小人物，也可以成为别人的天使。（4）小人物之间的情感，不绚丽，但

更加动人。(5)帮助，也需要技巧。(6)敢于正视现实，才可能有所突破。(7)日本的平民，也许才是日本真正的民族本色。

看到这些归纳出的主题，也许作者都没有想到，这不正是文学的真正魅力吗？学生真正成为了解读作品的主人，他们的理解也许并不成熟，但，最可贵的是：这些都是他们读出来的。

【反思】

海明威在《午后之死》中，曾把文学作品形象地比作一座冰山，“冰山在海里移动很是威严壮观，这是因为它只有八分之一露出水面”。而那些没有露出水面的部分，则需要读者积极地去加以重建。然而，这种重建并不是没有根据的胡编乱造，也决不可以对露出水面的那一部分视而不见。文学作品是一个审美的、精神的、认识的、价值的、心理的、文化的复杂的交流系统。一部文学作品，特别是一部优秀的文学作品，它的底蕴十分丰富，能让你在有限的形式中领略无穷的意味。正因为文学作品具备这样的特点，才给我们的语文课堂提供了可以充分调动、发挥学生创造力的资源，我们切不可仍然秉承“满堂灌”“一家言”的陋习，应该、也必须引导学生精读作品，以文章的字词句为依托，充分挖掘作品的深层次含义，有的放矢地解读文学作品。诗歌，小说，散文，如果照本宣科，一味把一个观点强加给学生，就等于在扼杀阅读的兴趣，把文学的真正魅力给肢解了，这是绝对需要杜绝的。不要怕学生年龄小，阅历浅。我们编入教材中的作品都是考虑了学生的年龄特点的。何况现在的学生视野开阔，价值多元化，只要教师指导有方，不要过度收，也不要无原则地放，文学在学生的心中才能活起来。

从知识形态走向生命形态，从文本走向生本的语文课堂教学转型期，对文本价值取向的关注和思辨日趋激烈。文本价值取向究竟该如何定位？唯一，还是多元？如果是多元的价值取向，又有哪些视点？这些，都需要我们在实践中不断探索，但是，无论怎么变化，课堂的主人是学生和老师，在文学作品前，我们都是读者，只有在读的过程中，作品的审美作用、教育作用才可能产生。在课堂上让学生畅言他们的理解，几十个读者的想法互相碰撞，这种有利的阅读磁场是我们的课堂的优势，通过个性化阅读，再通过集体思想的碰撞，共同抽丝剥茧，挖掘作品的多元化意义，再把这些理解运用到生活。写作中，这不正是文学的真正价值吗？文本对话，与作者对话，与其他读者对话，与生活对话，阅读才是有效的。

主题的表达呈现出多角度，文学鉴赏也必须变换视角。既然我们不强求文学作品主题表现形式的统一，更不必对一部文学作品主题的不同解读而耿耿于怀。从不同基点、不同角度进行个性化的阐释都是允许的，作品又存在客观上的主题多元，那么我们在鉴赏文学作品主题时，不断地变换视角，进行个性化的分析解读，只能使我们对作品主题的认识进一步深化，会更加完整和准确地解释作品，而不会对作品的价值造成负面影响。文学作品主题解读的多元化首先与优秀作品内在意蕴的丰富性有关。那么，充分利用教材提供的精品，利用学生阅读的创造性，不正是我们语文教育的目的吗？我们有这种便利条件，就一定要用足、用好。

长期以来，中学语文教学存在着不少误区，其中，最大的问题存在于对文本主题阐释的单一化、教条化和庸俗化。文学文本的主题，是指文学文本通过其形象或语言体系显示出来的主要意旨，它既体现了中心思想，也是作者创作意图的体现，如果一味地阻碍学生的发散思维，就会漠视文学作品鲜活的生命力，也漠视学生鲜活的创造力，后果是可怕的。把课堂的思维权、讨论权还给学生，既能够训练学生的概括能力，又可以有效培养学生的思想深度。因为独立的思想一定来源于独立的思考。

不久前，我讲授《香菱学诗》，大多数学生并没有阅读过《红楼梦》，对它的简单介绍是必不可少的。课本中的节选重点在“学诗”二字，但反复读下来，有学生感觉到这个出身卑微、遭遇凄凉的香菱，在学习作诗的时候非常快乐。我从选文的这个情节角度上支持了这个理解。学生集体讨论后归纳出这样的主题：“最卑微的小人物，也有权利享受精神快乐，在精神世界里，我们都是平等的。”这个结论让我非常满意，虽然一定会有人觉得，怎么能这样看待名著？但我知道，我的学生在认真读，认真想，我的课堂是有生命力的，我感到自豪。

【参考】韦勒克、沃伦：《文学理论》，三联书店，1984年，第36页。关于文学作品主题的不确定性。

附

致启蒙老师

陈思怿

如果不是你，我们不会知道语文和人生是什么。

一、我的语文老师上课经常脱离文本。

对于高一（7）班，真正成为一个团体，不是当坐在同一个教室的时候，不是在军训一起流汗的时候，不是在第一次哄堂大笑的时候，而是在一次语文课的下课以后。

那天你在讲台上说我们班太脏了，真正好的环境是没有垃圾桶没有值日生，每个人看到垃圾就随手捡掉，看到写满字的黑板就随手擦掉，看到脏的地都随手拖掉，这才是真正的班级，真正的团体。那个时候你说话的语气非常深刻，至少我在那个时候第一次见到这样的老师，这样脱离文本说了一节课的老师，如此希望一个班级团结起来的老师。于是那节课下课，我没有去吃饭，第一个拿起扫把干了起来，清扫你上课重点讲的讲台下方。然后几个吃泡面的男生早些回教室，看到这场景，也拿起了扫帚，因为初识，我们并没有多说一句话，只是几个人在教室默默地打扫。然后，更多的人回到教室，好像都能安然地找到适合自己的位置——擦窗、擦黑板、排座椅……人渐渐多起来，声音也渐渐热闹起来，到处可以听到嬉笑怒骂的声音，一起做一件事让我们感受到彼此。这时，一个同学打了一盆水，拿出一些钢丝球说：“我们擦地吧！”于是空闲的人一拥而上，并不是真的多么想打扫，只是想融入这个忙碌的集体，只是在那一刻——我们班级真的成为一个团体。一眨眼，本来乌漆墨黑的地砖铺上了白色的泡沫，每个人专心致志地面对眼前的污垢，甚至在数学老师想进班级讲题目时，我们还开玩笑说："要穿拖鞋进教室！"那是我们高中来第一次体会到集体的幸福。

事后，你很是感动，说没有想到你的几句话会让全班人一起刷地。我也很感动，因为遇到了这样一位善于育人的老师。

记得有一次上课，你告诉我们要做最好的人。你问一个男生："你的梦想是什么？"他回答："汽车。"你说："那你就要做世界上最好的汽车设计师。"

其实在那之前，我都不敢去想要去做金字塔上的人，我活得很麻木，只想考上大学，但那堂课之后，我的世界观发生了翻天覆地的变化，我开始努力去做到最好，我开始想要站在顶端看一看这个世界，我想要成为征服生活的人。所以在分班以后，我语文考了一次年级第一，作文得了一等奖，我得知的那一刻，并不是多欣喜自己的成功，而是一下子想到你知道会是什么心情，你会不会明白我奋斗的一部分原因——是因为你。

也有一次上课，你给我们分享了你的秘密。当时你瞒着父母跑到北京，在北大的校园里徘徊，你感到孤寂和不得志，一个人抱着一棵树哭了一场。其实，到了昨天我才懂了那种悲伤的心情，感到自己的能力无法撑起自己的野心，害怕自己从此埋没在柴米油盐的日常中。你说你看《飘》时，你的爱人说："你大概还在做和斯佳丽一样的公主梦。"你说："是的。"正是因为你从来没有放弃过梦想，所以你能够让我们看到几十年后，照片中的你依旧在那棵树下，满足地笑着。这给了我们莫大的力量，去填补那些我们看似空洞的目标。

还有一次上课，你给了我们很多新闻素材，正当我们想要记录下来时，你告诉我们："为那些反派人物寻找一个这样做的理由。"我记得我选了"加州警察殴打街边小贩"，我说因为有些暴民是无法用法律和劝诫让他们心服口服的，有时候暴力才可以平息暴力。这节课也给我们带来了很多，我们明白不能单单站在看似正义弱小的一方去看待问题，有时候换个角度，当你站在那些被公众批判的人的角度时，你就不会急于极端激烈地批评，而是会寻找出一个更好的方式去解决这个问题。

你的脱离文本，带给了我们书本以外的精神力量。大多数学生的语文课大概就是阅读课文、解读课文、背出主旨、完成练习，认为语文课就是睡觉课，不听对成绩也没有很大的影响，从前的我也是这样，但是，直到遇见了你——我的启蒙老师——才打开了我对这个世界的认知和思考。

二、我的语文老师经常出其不意。

还记得有一次临考前，你说："我告诉你们这次的考试古文是《促织》，但是我们这篇文章自学。"那是我第一次自学一篇文章，打印了大量的资料，认真地翻字典查不认识的字解，借来了外校同学的笔记参考……这不仅仅让我感受到自学的东西果然记得牢，还让我学会静下心来钻研——这种习惯简直是人生的福音。

你还让我们每个人刻一个藏书章。你是非常推崇读书的一个人，也是非常推崇真实的一个人，甚至还带有理想主义的色彩。所以你才会让我们去刻这样一个东西。你应该也会知道，有些同学根本不怎么读书，这种章对于他来说就是无用之物，但是你还是希望先改变他世界中的"器物文明"，再由此慢慢改变其"制度文明"。你应该也不知道，（7）班读书的人真的变多了，有时会看到很多人的桌子里放着一本书，不管这本书是大家之笔还是文艺小说，总之，这阵书风悄悄地刮了一段时间。

还有一次你组织了一次活动——班级每个人选一个作家进行研究，用时一个学期，然后演讲给全班同学听。我选择了海明威，结果对他的调查再一次塑造了我。他的硬汉精神到今天还深深影响着我，让我认为不抱希望是很傻的，我们应该搏斗直到战死。现在的我处于高三，失败的次数很多，但他的精神总是能让我获得安慰，让我对下一次战斗怀抱着胜的希冀。后来你说，这不仅仅是让我们花时间去懂一个作家的人生，也是给我们一次上台面对大家演讲的机会。所以现在的我常常想，从前那个羞涩的我如今可以在很多人面前面不改色地说话读文章，大概也是因为你在那一年中给了我们足够多的机会去锻炼自己的表达和心态。

摘抄，是一个非常正常的作业，但是你要求我们在摘抄的本子画上各种各样的花纹，这就变成了一个与众不同的作业。我一开始和很多人一样不明白，摘抄就摘抄啊，为什么要装饰呢？后来，在那一个过程中，我明白了你这样要求的原因。首先，如果是单纯的摘抄，很容易失去兴趣，但是如果你在旁边画了画，你会不由自主想要把内容也做得更好一点，这仿佛是人的一种强迫性；其次，艺术和文学本来就是相通的，就像日本的手账一样，这样的形式让我们觉得身心受到熏陶，让我们逐渐成为一个心细的人。我的摘抄本主要采用了布艺胶带，因为个人比较崇尚简洁，所以觉得一纸胶带就能满足我的所有需求，但我也不是囫囵吞枣随便一贴，我会根据文章的内容——如果这篇文章讲述了一个温暖的故事，我会贴上暖色调的胶带，然后适当点缀一些花饰；如果那篇文章是悲壮而伟大的，我会运用冷色为主色调，整体尽量严肃庄重；如果此文讲述了一个关于时尚的革命，我甚至会用指甲油刷出一条条框线……于是摘抄变得不像是一个作业，更像是闲暇时放松的一件趣事，让我享受着创造、品读、感悟的过程。

三、我的语文老师还是不教我了。

分班前，我以为你一定会成为历史班的老师，所以毫不犹豫地选择了历史。在你的带领下我感觉自己在从未有过的闪闪发光，所以很想再次成为你的学生。那天分班前最后一次我们团聚在（7）班，你过来告别，说以后可能不是一部分人的老师了，但是你们永远是我的孩子。我当时眼泪一下子涌了上来，前面的男生转过头来说我哭了，我恶狠狠地回了他一句：“反正她教历史班。”

结果，事实证明，你没有。

在离开你以后，我经常在日记中提到你：

2014 年 1 月 8 日：在办公室听到她当着所有人的面说：“这是我的才女！”我真的很高兴，却面带愧色。为什么你的才女不能为你争取到年级第一？现代文、古文，这个寒假一定会做很多很多，为了完成老师的期许。

2014 年 2 月 19 日：今天在主动请缨的物理补课中见到老师了，发型都变了，开学一周多才见到面，我好难过，她明明走到了我身边，问物理老师要不要茶水，我抬头就能看到她，我没勇气，没勇气开口问一句老师好，总觉得，说出口之后，我们都会发现存在这不可避免的陌生，内心是真的把她当作恩师了吧，才会这么小心翼翼地喜欢一个老师，从未有过，一提心里就苦涩了起来。为什么，你不再是我的语文老师了呢？

2014 年 3 月 3 日：以为写得不错的作文，回应的是老师的一个疑问，我该高兴老师认真看了吗？还是不甘心没能让老师惊艳，可是写作的目的明明不在于此啊，是写自己的心声而不是晦涩难懂的道理啊，我不明白，我觉得自己迷了路。写作文越来越力不从心，越来越想去揣测出题人的意图，越来越格式化，好想再上一次她的课，好想再听一次她的表扬，是不是就不会再这么迷茫？

2014 年 9 月 10 日：今天给她送了教师节礼物——我的摘抄本！跟她说教师节快乐的时候她很开心得摸了摸我的头，所以我今天也开心了一天，感觉以前都是自己想多了，“一日为师终身为父”，有些关系是不会轻易被生活冲淡的，而且我还很想完成和老师的承诺（她将女儿的书送给我让我以后返还一本我的书），虽然我不知道会花多少年的时间，但是我绝对不会放弃。

我想让你知道，你使一个迷茫地、懵懂的孩子一步步明确了她的人生目标，并且训练了她的能力。虽然表面看来我平淡如常，可是内心时常觉得自卑无助，是你的一次次表扬，有时我甚至觉得担当不起的表扬，让我逼迫自己变好，逼迫自己变得配得上那些赞赏。正是因为这样，一个可能连生活痕迹都不会留世的人，改变了，她开始渴望改变这个世界。当然有时她也很愤恨，为什么自己会去读那么多的书，懂得了那么多的道理，以至于能力无法满足梦想时会歇斯底里地难过，但是冷静下来，她从来没有后悔过塑造了这样一个自己，这样一个学会掌握自我命运的自己。

你对这个班级、对我的意义，都是非比寻常的。

谢谢你，我们的启蒙老师，告诉了我们什么是语文和人生。

【后记】

思怿是我的一个学生，一个有些“文艺范”的女孩子。在课堂上，我们很少交流，我始终极力避免在课堂上表现出对某一个孩子的偏爱，但我确实很喜欢她。分班后，常常在走廊、办公室见到她，我也很少和她交谈，我担心自己对她的影响太大。她的摘抄本，被当作礼物送给了我，太美了。

看了她的文章，我还是很吃惊，我其实没做什么，为何她称我为“启蒙老师”？

我没有想到，第一件事，写的竟然是自发打扫教室。我一直有些“洁癖”，上课前总是不由自主地擦干净讲桌、黑板，慢慢地，学生一看到我进来，总是抢着擦。其实，这些，我都看在眼里，只是很少说出来。看来，学生对我们的评价，比我们预期的要“高”，他们不是仅仅从你的教学水平来评价你，他们直接看到的是你这个人。

许多年前，我因为语文张老师固执的鼓励（因为我的数学老师认为杜虹如果能考上大学，她的姓可以倒着写），终于挤进了大学；许多年后，我的思怿，因为我固执地鼓励（她的数学的确很差），依然在坚持着，我相信，她能够发现自己，发现自己独一无二的资质。教育，真的很神奇。

谢谢，我的孩子们。

6 文言文可以这样学

【前言】

通过教学实例，通过对学生学习文言文存在问题的反思，探讨如何根据文本的特色，确定教学内容，根据“因材施教”原则，探索文言文教学的个性化。

【案例】

最近，我抽查了本校100名高二学生，提出两个问题：喜欢文言文吗？说出理由。对前一个问题64%学生回答“不喜欢”，23%回答“有的喜欢”，13%“喜欢”。理由也五花八门，其中有几个理由引发了我的深思：“本来挺喜欢，上完课就不喜欢了，考完试就更不喜欢了”，“有的语句确实喜欢，可翻译出来就没有感觉了”，“古人真的是这么讲话的吗？他们自己知道那么多词类活用吗？”虽然这不能算正规的调查，但学生的回答是真实的。这些为什么让我深思，因为，学生已经不动声色地把“讨厌”文言文的罪魁祸首指向了我们，指向了我们的“教”。

我们何时开始把文言文与现代文彻底割裂了？为什么我们的初三、高三几乎只讲授教材中的文言文？真的是因为我们发现文言文承载着中华文化的精华？如果讲真话，你应该回答：不是这样，因为只有文言文在中考高考中可以挣来几分。原来如此！

语文教学往往处在一个很尴尬的地位。作为母语教育，它必须承担传承民族文化的重任。但作为一门教学学科，它必须迎合应试教育的需要。而这两个目标有时让我们觉得很矛盾。在现在这个高效率时期，不少教师和学生都认为前者太慢，还是为考而教吧。于是大量习题涌入语文课堂，学生做得一头雾水，却感到没效果，不如解几套数学题分数来得快。于是乎，语文书成了可以放置教室的摆设。这个现象在高三尤为普遍。从另一个角度看，老师们也被这些高深的习题搞得苦不堪言，看到教了也不考，连自己都怀疑教材有用吗？于是，许多高三语文书成了“速成教材”，上半学期基本完成，下半学期复习基础知识，在模拟试卷的题海中冲浪。冲得一腔怨气，于是又开始怀疑教材编写的水准，弄得教材编写机构也诚惶诚恐，一改再改。

“速成”把孕育在文言文中的美感，文化中的精华、价值观剥离得惨不忍睹，如何让学生喜欢？可是如果不从文言知识入手，又如何越过语言的障碍？

该选什么文言文进入教材，一篇文言文到底要确立什么为主要的教学目的，这是不可能一概而论的，因为每一个文本所体现的教学价值是不同的，但是文言文应该承载的教学使命不外乎“文字——文学——文化”，这是不容置疑的。

上海目前使用的高中语文教材共有文言文（诗词曲除外）约 42 篇，这些篇目从不同的角度可以分成不同类型，但是，“对文化的传承”我认为一定、也必须是最主要的教学任务，而要完成这个任务，又必须从“文字——文学”入手，但从文字入手，并非要从一字一句地翻译开始，从文学入手也并非是指对每一篇都要从一个又一个抽象术语开始。从“读”开始，辅之“品味”、辅之“感悟”之后，学生和老师才有资格去发现“教学重点”，这一段“预热”常常被我们删除，替代的就是“不断抽象，直至变成试题”。

怎么办？让文言文活起来，成为有灵魂的载体，才可能走进学生心里。

古文《病梅馆记》是一篇传统课文，在上海教材中放在高三第一册的最后一个单元。而此时，课文教学的第一轮基础知识的复习也已经同步进行。我没有把这篇自读文章轻易放过，而是把它和总复习连接起来，把课内和课外连接起来，把文言教学和作文教学，和学生的人生思考，甚至即将面临的高考连接起来，挖掘它的知识和思想价值。为此，我设计并完成了这样的教学流程：

教学过程	教师活动　资源准备	学生活动	设计意图
创设情景 复习“咏物诗”。	演示课件：毛泽东和陆游的两首“咏梅”。［提示］复习前面所学的咏物诗，回忆古诗中“梅花”的象征意。	朗读，获取信息，重新巩固已经掌握的知识。	课件，激发学生的学习兴趣，由复习已有知识进入到新知识的学习。
新旧知识的衔接——通过朗读走进文章，走进作者。	1. 由两首咏梅诗，转入课文——抓住题目中的“病”。 2. 演示课件：根据学生预习情况，加深一词多义，词性活用的掌握。	朗读，疏通文章大意，结合预习分类归纳文言字词句。朗读时特别注意那些整齐、富有感情色彩的语句。	经过一学期的培养，学生已经具备梳理、归纳文言重点实词、特殊句式、一词多义、词性活用的能力。
启发学生探索文章的写作思路，把握写作目的。	从文章开篇引用文人画士的一句话入手，启发学生探索文章的写作思路，把握写作目的。	反复朗读，抓住关键句，分析语句的言外之意。鼓励学生提出问题。	培养锻炼学生有目的的阅读行为：“读——问——再读”重视文本。
整理学生的问题，逐渐引导学生思考课文的写作目的。	［设问］造成“江浙之梅皆病”的根本原因是什么？ ［设问］作者仅仅是为写梅而写梅的吗？	讨论，集中问题：逐渐集中到文章的写作方法——托物言志，以梅喻人，托梅议政。	培养学生从语言技巧，从思想内容理解，把握文章的写作目的。此问旨在理解文章的深刻内涵。可引导学生明确：文中梅的遭遇正是清朝封建专制统治下人才的遭遇；作者对梅的态度，正是作者对人才的态度；作者对造成梅的病态的痛斥，正是作者对封建统治阶级摧残人才、扼杀人才罪行的痛斥；作者要求恢复梅的本性，保全梅的自然健康形态，正是作者要求个性解放“不拘一格降人才”的迫切心情。
转入对文章语言、思想内容的分析。	［设问］为什么作者不能直抒胸臆呢？文章结尾寄托的作者的理想能够实现吗？	讨论：一定要结合作者的生活背景。调动自己的知识储备。	培养学生深入阅读，读出作者的感情寄托，读出文字外的含义。
小结	语言特色，思想内容，留下的思索	朗读，归纳，思索。	培养学生的质疑精神，完成“走进文章——走出文章”的探索过程。
课外思考——结合本单元课文，思考儒家思想“达则兼济天下”对中国知识分子的影响。	单元学习前的常规网上资料查阅。课外补充《论语·荷蓧丈人》。	复习，思考，课外读。根据学生课前的提问，引导学生理解孔子的“明知不可为而为之”的积极意义。	既作为单元小结，又作为学生情感的一种沉淀，思想的启迪。
课外阅读——巴金散文《灯》。			通过了解写作背景，来帮助自己准确把握文章的主旨。

自己预设的流程和学生的“创作”碰撞后达到了这几个效果：

1. 进一步了解“托物言志”的写法，逐渐消除学生对这类文章的“恐惧”。因为这个概念被常常作为文言文阅读试题的考点，而让学生“焦头烂额”。

2. 复习文言常识：特殊句式，一词多义，词性活用等知识（不得不做，但只是让学生在阅读之后整理出来，找到规律即可）。

3. 陆游——龚自珍——封建社会的“人才”观——封建社会的人才的遭遇——儒家思想“达则兼济天下”对中国知识分子的影响（恰好所教历史班正在复习明清史）。

4. 课外背诵五首“咏物诗”（把高三第六册“咏物诗”单元提前）。

5. 注重文章的整体阅读：通过探索文章的写作思路，把握文章写作目的。

6. 课后完成一篇“随笔”，学生写出了以下观点：

考试选拔人才的方法并非一无是处，它给我们普通家庭的孩子提供了一个改变命运的机会。

天下兴亡，匹夫有责，何况有知识的人呢？

我们古代知识分子的责任意识让我们感动。

如此德才兼备的大家，怎么会有带着侵略者抢劫圆明园的子孙呢？看来对龚半伦的教育需要反思。（这个问题是学生“带着”我发现的）

自然，才是真正的美。

在处理另外一篇传统文章《赤壁赋》时，我是通过反复诵读，挖掘教材资源：

赤壁赋

- “赋”是一种文体，总结其特点，补充阅读《秋兰赋》
- 苏轼——“三苏”及代表作
- 苏轼人生观的积极性和消极性（前后《赤壁赋》比较）
- 文言知识：使动，意动，名词动用等词性活用
- 比喻、排比、对偶等修辞方法及作用

- 曹操——《短歌行》——“三曹”——建安风骨
- 古代散文常识小结
- 讨论：乐观与悲观，世界在你的眼中截然不同
- 苏轼真的超脱了吗？引入“黍离之悲”

无论是高三讲授的《病梅馆记》，还是高二的《前赤壁赋》，我都是和学生通过反复诵读，读出独特的味道再去确定目标，前者“文字——文学”为主，后者“文学——文化”为主，因为文本风格不同，所处学段不同，所以，应该有不同的重点。

“学语文就是学做人，做中华民族堂堂正正的子孙”，这才是我们文言文教学真正的追求。

记得上海市教委教研室语文教研员步根海曾谈到，语文教育是健全学生人格的良好载体。但是现在学校语文教育过于概念化、抽象化，为考而教，忽视了语文对人格的感染和浸润作用。作为一名语文教师，我认为这个说法没有过分。现在都在提倡建设节约型社会，我们也应该充分利用教材资源，挖掘每一篇文章，每一个单元的教育教学“潜力”，使语文课堂真正成为有效教育。否则，无论教材怎么改革，仅为了考而教，为了完成任务而教，永远只能是走马观花，即使再花大量的时间去归纳基本知识，搜集作文素材，只能是舍近求远，浪费资源。况且，教材中的各类文章充满了美感，琅琅书声中余香满口，师生如果每天沉浸其中，育人的目的也会水到渠成。所以，我认为抛开教材是我们语文教学，特别是高三语文总复习的最大弊病。多年前使用过一套语文辅导书“三点一测”，书中专门有一个版块：“课文导引”，详细地分析了每篇文章的“资源”，如果我们真正把这些“资源”用到、用深、用活，那我们自己就可以建立一个复习资源库，完全可以把教材、课堂、复习、考试统一起来。当然，重视教材，并不是回归到“长期浸淫于分析课文内容，体会作者思想感情，进而归纳课文中心思想的传统教学”，而是要充分发挥教师挖掘教材的能力，启发、组织、引导学生从文本出发，既要整体把握，又要细嚼慢咽，真正高效利用教材，

特别是文言文。找到最适合语文教学的方法，使语文教学回归到她应有的地位。

同时，除了认真研读文本，找到文本最值得切入的教学点，还一定要关注学生的文言基础，毕竟，文言文已经不是我们交流的语言，每个人的资质不同，对语言的消化能力是有差异的。所以“因材施教”非常必要，特举同组陶有才老师一个课例：

一班：积累较少

题　　目	秋　　声　　赋			
教学目标	1. 掌握重点字、词、句的意思 2. 理解本文的巧妙构思 3. 了解把握赋的语言特点 4. 深入领悟作者在文章中所体现的“悲秋”情怀			
重　　点	如何以主客问答形式，通过秋声传递秋的感觉，抒发对人生的感慨。	教法：讲读和自主学习结合		
难　　点	用比喻将无形的秋声化为有形的秋景的写法。	教具：朗读录音		
教学过程	对 70%学生 设计的问题和解决的方法	对 20%学生 设计的问题和解决方法	对 10 学生 设计的问题和解决的方法	生成问题
	一、新课导入： 以旧带新：上个学期我们学过《伶官传序》，哪位同学还记得这篇文章的作者吗？（欧阳修） 还记得本文有哪些名言警句吗？还知道他哪些文章？ 二、作者介绍 1. 阅读注释 2. 补充欧阳修写作故事。 三、学生默读课文，掌握生字词读音。思考下列问题。 梳理文章思路： 1. 文中用了哪些比喻来写秋声？ 2. 通过哪些描写来渲染秋声？ 3. 关于“秋”，文中列举了哪些说法？	一、作者描摹秋声的真正意义是什么？ 二、面对秋声，作者抒发了怎样的人生感慨？	对作者的人生感慨你是怎样评价的？	有学生提出：语意衔接难以理解

二班：有一定积累，思想比较活跃

<table>
<tr><td>题　　目</td><td colspan="4">秋　　声　　赋</td></tr>
<tr><td>教学目标</td><td colspan="4">1. 掌握重点字、词、句的意思
2. 理解本文的巧妙构思和了解把握赋的语言特点
3. 深入领悟作者在文章中所体现的“悲秋”情怀
4. 探究作者晚年的思想变化及原因</td></tr>
<tr><td>重　　点</td><td colspan="2">如何以主客问答形式，通过秋声传递秋的感觉，抒发对人生的感慨。</td><td>教法：自主学习和教师点拨</td><td></td></tr>
<tr><td>难　　点</td><td colspan="2">作者的与世无争与不思进取是否等同？</td><td>教具：朗读录音</td><td></td></tr>
<tr><td rowspan="2">教学过程</td><td>对 70%学生
设计的问题和解决的方法</td><td>对 20%学生设计的问题和解决方法</td><td>对 10%学生设计的问题和解决的方法</td><td>生成问题</td></tr>
<tr><td>一、新课导入：
以旧带新：上个学期我们学过《伶官传序》，哪位同学还记得这篇文章的作者吗？（欧阳修）
还记得本文有哪些名言警句吗？还知道他哪些文章？
二、作者介绍
学生介绍对欧阳修了解的情况，教师补充。
三、学生默读课文，掌握生字词读音。思考下列问题。
梳理文章思路：
1. 文中怎样来写秋声的？
2. 作者描摹秋声的真正意图是什么？
3. 面对秋声，作者抒发了怎样的人生感慨？</td><td>对作者的人生感慨你是怎样评价的？</td><td>回忆学过的《醉翁亭记》《丰乐亭记》《朋党论》及范仲淹的《岳阳楼记》，并结合作者经历，谈谈作者思想变化的原因。</td><td>“故其在乐也”与上句无法构成因果关系</td></tr>
</table>

同样学习《秋声赋》，基于学情的不同，陶老师采用了不同的教学策略，目的只有一个，让学生愿意读，爱读，能够读出自己的一些感触，在此基础上，达成教学目标。

【反思】

基于我们教材文言文编写比较零碎、不系统的状况，采用比较阅读，是一个非常有效的补充方式：可以课文与原著相比较，同一作者的几篇课文比较，不同作家同一题材的文章比较，同一题材不同体裁的文章的比较。只有有了一定的阅读厚度，才可能有深度。

最近，风靡全球的“可汗学院”给了我新的启发，如果我们把文言文中不得不讲的知识，常用虚词、活用、特殊句式等等，制作成“翻转课堂”的视频，让学生可以根据自己的情况使用，这些反复使用的资源可以提前给学生，这样，课堂空出大量的时间，去读，去比，去思，去背，是不是会帮助学生读到真正的文言佳作，对其产生兴趣？我目前在着手尝试。其次，我们的文言文命题一定要“文”“言”兼顾，开发有价值的题目。相信，这样下去，有一天琅琅读书声才会重新出现，才可能到达笛卡儿所说“读杰出书籍，有如和过去最杰出的人促膝交谈”的境界。

7 最自然的一节公开课

【教学实录】2016 年 10 月 26 日山东济宁实验中学高二

（让同学们大声朗读《扬州慢》，教师巡视，发现学生都有一本注释非常详细的参考书。接下来再让学生读下文注释。学生的精神状态很好。朗读带一点山东方言）

老师：同学们，这么多注释，你觉得读一遍以后，应该圈点出来的是哪几个？

学生：一个疑难字，一个文化地名，典故。

老师：（听学生的回答，同时分类，提醒学生）你们今天拿的这一本教材是传统文化补充教材，我昨天拿到，看了一遍，发现注释很详细，又发现大家都有一本教参，那，凡是书上有的，今天杜老师都不讲了。你们自学的能力很强，有圈点的好习惯，值得肯定。疑难字，不太常用的知识，大家多记几遍即可。但刚才第三个同学画出的“用典”，化用，这个在诗词里面很重要。现在，正式上课。我问一个问题：你最喜欢哪一个诗人，或者哪一首诗词，或者哪几句诗？

学生：喜欢纳兰容若，他英年早逝。

老师：好在他留下了许多诗词，人，所谓“立功立德立言”。

学生：我喜欢他的《浣溪沙》中“我是人间惆怅客，知君何事泪纵横，断肠声里忆平生”这一句。

老师：你是先喜欢这一句，还是先知道是纳兰的才喜欢？

学生：就是喜欢这一句表达的情感。

老师：好，我希望大家学着在不了解诗人背景的情况下，去读诗词。先不知人论世，而是从文字入手去体会，毕竟，大家经常面对考试，面对没有介绍背景的情况下怎么读。

学生：老师，我非常喜欢《浣溪沙》这个词牌，从小学到初中，我背了十几首《浣溪沙》（大家鼓励他背），我最喜欢苏轼的《浣溪沙》“谁道人生无再少？门前流水尚能西！休将白发唱黄鸡。”我非常喜欢，还喜欢李璟的“青鸟不传云外信，丁香空结雨中愁”（这个学生一口气背诵了六首《浣溪沙》，大家自发鼓掌），我是喜欢了这些诗句，再去了解苏轼、李璟这些诗人，我手机上都存着这些《浣溪沙》，我真的很喜欢。

老师：这位同学，你真棒，但我问你一个问题，你什么时候填一首《浣溪沙》？

学生：原来模仿过，偷着写过，但现在……

老师：你要写，写了发给我，我和我的学生一起欣赏，好吧？

学生：好的。

老师：他太厉害了，我这节课应该让他讲（大家都笑了）。其实每一个人都在寻找，也许他就是在找寻《浣溪沙》，《浣溪沙》也在通过苏轼、李璟、晏殊在找他。我校的黄玉峰老师说，苏轼在《赤壁赋》中寻找一个知他的人，今天我读的时候，我好像就是那个人。今天我们学的词牌名叫《扬州慢》，大家要记得，每首诗每首词都有她最动人处，一定要先找到她。请大家把“导读”中的一个问题划出来，触景生情，我知道，高考触景生情考得非常多，大家不要害怕，我们边读，边把这个考点解决掉。先大声读“小序”。

学生读“小序”

老师：我要提一个问题，这个“序”告诉我们哪些信息？排火车回答。

学生：交代了时间、地点，维扬，就是扬州，“夜雪初霁”的环境，萧条。

学生： 他的心情：予怀怆然，感慨今昔。

学生： 整首词的感情："悲"。

学生： 他人的评价：黍离之悲。

老师： 很好，这个学生提到了"黍离之悲"，好像该写的都写了，景有了，情，有了，评价也有了，那为什么还要写这首词呢？这后面该怎么写呢？词和序之间什么关系呢？（出示 ppt）《诗经 · 王风 · 黍离》："彼黍离离，彼稷之苗。行迈靡靡，中心摇摇。知我者，谓我心忧；不知我者，谓我何求。悠悠苍天，此何人哉！"周大夫行役至于宗周，过故宗周庙室，尽为禾黍，闵宗周之颠覆，彷徨不忍去而作是诗。后来就用"黍离之悲"表示家国残破之痛。看到物是人非，一片苍凉，他问了所有中国人一个问题：知我者，谓我心忧；不知我者，谓我何求。我们的文化不会灭亡，因为我们每一个中国人常常问自己这个问题，我心忧何处呢？忧什么呢？

学生： 为了家庭。

学生： 为了国家。

学生： 生活。

学生： 未来。

学生： 命运。

学生： 想当公务员。

老师： 好，优秀的人应该去当公务员。

学生： 担心父母年岁渐长。

学生： 怀才不遇。

学生： 考试成绩。

老师： 这些足以让我们感忧，我认为心忧什么，基本上确定了一个人的格，"言有物而人有格"，格，就是你要什么。我们来看这首词，作者叫姜?

学生： kuí，姜夔。

老师朗读（正音）

学生朗读

老师： 请与同桌商议：这些，和小序中有什么不同?

学生同桌开始讨论

老师：（巡视，加入讨论，发现学生“入境”了，给足了时间。发现有学生把“荠麦弥望”，读成“荞麦”，马上纠正）什么是“荠麦”，野生的，说明什么? 人迹罕至，大家记下来，这叫文字背后的信息。（讨论结束，请同学回答）

学生： 词是在序基础上的扩展、解读。

老师： 仅此而已吗?

学生： 序，介绍背景，词进行情感表达。

老师： 你喜欢这首词吗?

学生： 还凑合。

老师：“还凑合”的地方在哪里?

学生： 二十四桥仍在，波心荡冷月无声。

老师： 这句的动人处在哪里?

学生： 挺有感觉。

老师： 但说不清楚，老师提醒，当你觉得这句诗特别有味道，一定要注意动词，“荡”。

学生： 荡。

老师： 请大家抬起头来，体会，杜牧念念不忘的二十四桥还在，那还有什么可忧的呢? 月本有声吗? 月本有冷暖吗?

学生： 是在表达诗人的情感，情感融在月中。

老师： 也是一种通感的修辞，在感觉转换中，情感出来了，我们背一背。

学生抬头背诵“二十四桥仍在，波心荡冷月无声”

老师：这种内心的冷与环境的冷的交融，在“小序”中没有，这是一种文学的高度。（再问一个女生）

学生：“渐黄昏、清角吹寒，都在空城。”（有味道了）

老师：哪里打动了你？

学生：清角吹寒。

老师：大家一定要关注这一句，除了“清角吹寒”，有一个词，和整首词连在一起，非常有感觉，哪一个？一定要注意序中的“感慨今昔”。（大家为难了一会，开始有同学议论）

学生：空。

老师：很好，请大家按照“空”往下走，请在下阕找与“空”相对的。

学生：淮左名都。

老师：这是城市名片呀，曾经的名都。

学生：青楼梦好。

学生：桥边红药。

学生：二十四桥。

老师：还曾经有什么？

学生：（思考）杜郎俊赏。

老师：看到这个空城，姜夔想到的一个重要角色出现了——杜牧，知道他吗？

学生：知道一点点。

老师：（出示ppt）杜牧《寄扬州韩绰判官》：“二十四桥明月夜，玉人何处教吹箫”；杜牧《赠别》“春风十里扬州路，卷上珠帘总不如。”

学生读两遍

老师：（再补充）“十里长街市井连，月明桥上看神仙。人生只合扬州死，禅智山光好墓田。”（唐·张祜hù《纵游淮南》）；“天下三分明月夜，二分无赖是扬州。”（唐·徐凝《忆扬州》）

学生读

老师：张祜把扬州的地位提到一个高度，可以归葬于此。

学生读

老师：他们写诗的时候，春风十里，二十四桥仍在，纵豆蔻词工，青楼梦好。到这里，杜牧出现了，如果仅仅读到这里还不够，你们手边的参考书都会告诉这些，我问大家，这首词谁写的？

学生：姜夔。（困惑）

老师：那这个杜牧到底是谁？

学生：我觉得是姜夔自己。

老师：那为什么要借助杜牧呢？

学生：借他人抒发自己的情怀，侧面描写。

老师：再往下看：杜郎俊赏，算而今、重到须惊。“须”？你怎么知道杜郎须惊？

学生：因为杜牧经历过扬州最好的时候，杜牧看到过原来，姜夔看到了现在，物是人非，凸显深意。

老师：非常好，我们抬头看ppt，先简单了解一下姜夔：一生漫游各地，到处依人作客。政治上困顿、失意，屡试不中，未能做官，最后在贫困交迫中死于杭州西湖之畔。他一生布衣。（强调三次，特意冷场片刻，让学生想一想。）但杜牧不是，他见识了扬州最繁华时，我看到最萧条处，（追问刚才发言的学生）为何扬州今昔反差如此之大？

学生：战乱。

老师：哪里看出？

学生：自胡马窥江去后，废池乔木，犹厌言兵。

老师：很好，最后一句该怎么读？怎么断句？犹厌 / 言兵？犹 / 厌言兵？

学生按两种断句读，讨论

老师：都试一试。

学生：犹／厌言兵。

老师：切不可小瞧这样的细节，不同处的停顿，情感是不同的。

学生争论

老师：（补充资料）绍兴三十一年（公元1161年），金人十万铁骑破扬州，大肆掳掠，“横尸二十里”，破坏极其惨重。劫难虽已时隔十五年了，但作者经过扬州时依然“荠麦青青”，疮痍满目，不禁追忆丧乱。已经过去15年了，在这个背景下，应该怎么读？

学生：犹／厌言兵，这是深入到骨子里的憎恨。

老师：我认同这个读法，犹，拖曳一下，感情更合适。

学生再读

老师：回过来我们再注意一个细节：请大家圈出几个字：“过”“尽”“自”“纵”“念”，请大家大声把带有这几个字的句子读一读，发现点什么。

学生自由读

老师提问

学生：（纷纷举手）加重语气，四声，这几个字后面应该停顿。

老师：很好，这是宋词中的慢词，曲调缓慢，停顿，拖音，大家试一试。

学生读

老师：这是词中的“领字”，也叫一字顿，如毛主席词“望苍茫大地，谁主沉浮？”的“望”。领字容易在读的时候产生共鸣。领字的拖音会带着你去领会字里行间的情感，请再读最后一句。

学生读“念桥边红药，年年知为谁生”

老师：刚才我让大家找与“空”相对应的，很多同学没有注意这一句，请一位同学赏析这句话，别害怕，一定要结合整首词的情感，这首词抒发了什么情感？

学生冷场

老师：（再提醒）姜夔看到由于战乱导致的物是人非之后的什么？（返回

第一张 ppt）

学生：黍离之悲。

老师：一生布衣的姜夔的黍离之悲。

学生：黍离之悲。

老师：整个情感清楚了，再回过去理解最后一句话。

学生：不知道怎么讲。

老师：先用自己的话描述一遍。

学生：运用问句，表达自己的黍离之悲（套上了，也行）。

老师：这个杜牧，这个红药是这场灾难的见证者。

学生：有道理。

老师：请大家再读一遍全文。

学生朗读（已经有同学不看书了）

老师：我们接火车来试着背一背。

学生背诵开始（有一个学生快背完了）

老师：很好，抓住“空”今昔对比这个线索，试一试，集体背。

学生多数已经可以不看书了

老师：请看那些大家的评点，看看你们其实很聪明，不比他们弱。（展示ppt：先著、程洪《词洁辑评》：“二十四桥仍在，波心荡、冷月无声”，是“荡”字着力。所谓一字得力，通首光彩，非炼字不能，然炼变亦未易到。“水”“桥”“月”点明今昔情景的不同。沈祖棻《宋词赏析》：结句言昔之“名都”，今则“空城”，纵“桥边红药”，年年自开，岂复有春游之盛？“知为谁生”，叹花固不知，人亦不知也。

老师：这些，很多你们都想到了，所以，诗词文赋，贵在多读，你们一定要有阅读自信，发自内心阅读文本的权利在大家自己，我们再来看一首南宋的词。（ppt：曾觌 dí的《忆秦娥邯郸道上望丛台有感》“风萧瑟，邯郸古道伤行客。伤行客。繁华一瞬，不堪思忆。

从台歌舞无消息，金尊玉管空尘迹。空尘迹。连天衰草，暮云凝碧。”）

老师：为什么选这一首呢？因为姜夔没有做过官，可能觉得对国事没有发言权，是体制外的。但这个曾觌是官员，曾代表南宋统治者去和金人谈判，屈辱地签订公约，路过邯郸古道，有感而发，一起朗读，感受。

学生朗读

老师：他是一个吃南宋皇粮的人，但看到古国遗迹，依然心里充满了？

学生：黍离之悲。

老师：最打动你的，是哪一句？

学生：伤行客（重复）。

学生：繁华一瞬。

老师：容量极大。

学生：很有震撼力。

老师：还注意一点，前一首是“淳熙丙申正日”写的，三年后，山东的辛弃疾写了一首《摸鱼儿》，有这样一句：闲愁最苦！但我们读了辛弃疾的诗词后发现，他的愁不是我们吃喝拉撒层面的，也是忧国忧民之痛，再问一个问题：整首词中，姜夔都陷在今昔对比的悲怆中，难以自拔，他为什么难以自拔？扬州已经变成废池可以说和他没有关系，他为什么还要表达这种悲？文人在社会历史中到底担当一种什么角色？

学生：（纷纷举手）他堪忧的是国家的前途命运。

老师：为什么这样？

学生：因为他一直没有获得功名。

老师：是吗？

学生大家摇头

老师：再想一想。

学生：因为他们心系国家。

老师：布衣也要心系国家？我查到这样一个资料，说南宋小朝廷当时是“文恬武嬉”，很自在呀！朝廷这样，辛弃疾、姜夔、曾觌、李清照为何要悲呢？大家一定要想这个问题！

学生：担当。

老师：他们自认为自己有什么担当？

学生：国家责任。

老师：社会人必须有担当。

学生：国家兴亡匹夫有责。

老师：同时，他们都是读四书五经长大的，四书五经告诉我们的是：大学之道在明明德，在亲民在止于至善。这是所有读书人的底色。你们很幸运，你们生活在曲阜，孔孟之乡啊！

学生都抬起了头

老师：他们不是为自己悲！好的作品往往是反映三个层面：一是时代的风云际会，二是个体的独特经历，三是心灵底蕴的灵光。你们看发射成功神舟十一号激动吗？

学生：有点。

老师：暑假我带学生去马来西亚，参观一所华人学校，这个学校的校长讲到一点，眼泪都快出来了，他说：我们这些华侨的后代，在这里办华文教育非常不容易，我们希望伟大的祖国强大。这句话感动了我们，真的，每个人都要学着明白这些，这些诗词形式背后的文化。

老师：我们今天提到了布衣姜夔，官员曾觌，这说明什么？《岳阳楼记》还记得吗？

学生：（反映很快，齐诵）居庙堂之高则忧其民，处江湖之远则忧其君。

老师：我们要记住这些。我们今天学这首词的意义在此。记住那些黍离之悲，记住诗词是传递情感的，最后还提醒大家，语文学习是逐渐积累，形成判断的过程，要从阅读自觉到自觉写作。谢谢，再见，欢迎来上海。

学生起立，再见，掌声

【反思】

工作以来，上过很多节公开课，但我非常犟，一直尽可能坚持不“试讲”，即使代表区级层面，我也坚持不试讲。但我愿意在上课前和同行聊一聊课，也会在网上看看别人怎么讲。久而久之，我开始把公开课当作常态课去上。有同事调侃，说我是“人来疯”，听课的人越多，状态越好，可能这是我的性格，其实，我知道，在众目睽睽之下，我一直提醒自己：眼中只有学生。可能这种不敬是值得反思的，可我认为，课堂就是学生与老师的，与其他无关。

2016 年 10 月 23 日，我们带高二学生到山东济宁实验中学进行社会实践，校方邀请几个学科的老师在他们学校上一节示范课，我们答应了。26 日，我执教《扬州慢》，之前，几乎没有准备，因为自己挺喜欢宋词，对这首也很熟悉，到底讲什么？我觉得必须给学生一些启示。为什么读书人总有一种“黍离之悲”，这是我最后确定的主线。课上得很轻松，自己挺满意，对方同行评价也不错，故自名为“最自然的一节公开课”。

我一直很排斥反复排练的那种公开课，害人害己。

8 池塘边的一节语文课

【引言】

我不知道多少学生曾经喜欢唐诗宋词，不知道多少学生曾经把写当成一种创作，不知道多少学生曾经以为自己可以是一位作家。

我只知道，“曾经”是一种正在发生的，正在迅速发生的可能。

为什么不能让一个孩子心怀一颗作家的梦想，而要冷冰冰地说：我们语文课的任务，不是培养作家。

的确，这个说法没有错，但没有错的就一定对吗?

我是一个曾经偷偷写小说的孩子，最后，那些草稿变成了我数学差的罪证，其实我明白，即使不写这些，即使不把数学书封皮套在《译林》上，我还是弄不懂二次函数，可那时，没有谁明白我，明白我们。

【案例】

2015年8月7日，我调入复旦附中青浦分校。

我的导师黄玉峰先生是学术导师，任初中部校长。

假期两个月，预备年级的每一位学生家长都收到了黄校长用毛笔写的信；每一位学生开始背诵黄校长挑选的“跬步千里（一）”(《论语》50则，唐诗50首)；每一位学生开始背诵校长亲自编写的“校礼三字经”。开学之后，第一次抽查，一个学生全部背出，大部分学生基本背出。

我第一次教预备年级的课，非常忐忑。我甚至不知道自己第一句话该讲什么。反复推翻自己的教学设计，第一节课我准备了整整一周。最后，我发现这个班级40名学生，名字中含有“日”的有十位，第一节课，我就讲了这十个字，十个名字，孩子们还给自己命名为“太阳社”。从那以后，我每天被这群小家伙围着，用没完没了的问题“折磨”着我，硬生生两个月，把我变成了一个和善、爱笑的教师，那个严肃的我，常常找不到了。有时候，在高中上课时不由得也称呼他们“孩子们”。

10月的一天，学校荷塘的最后一朵莲花盛开，而我正按照教材进度要讲“描写”，索性，把他们带到小池边上课。那天，很美；那天，我的学生更美，那是最美的一节语文课。

一节课，背诗，观察，描写。课后，两天，我收到了这些“创作”：

金嘉奕《小池》(其一)

水面粼粼鱼儿戏，蜻蜓点水豆娘舞。忽看水底碧绿石，唯惜六月艳荷花。

《小池》(其二)

池面平静似如镜，荷苗刚刚露新头。荷叶浮游蜘蛛行，一道残光扑水中。

《小池》(其三)

荷花不见影，已是十月愁。鱼戏芰荷风，池绿见碧石。蜻蜓高飞空，豆娘低飞旁。为看一池美，万景都不胜。

龚丁怡《小池》

池中水草立，豆娘飞上头。池水碧于天，荷叶卧其中。

一朵孤傲莲，时隐在草中。此景立吾校，好似为吾留。

郭申宁《小池》

池塘面上豆娘舞，荷花凋零独有叶。水中鱼儿成双对，风吹水面微波起。

《小池》

一池唯傲花，天地作它衬。引发万思绪，豆娘霸上空。

夏鑫《小池》

一朵傲荷立水中，徘徊其旁影印池塘。此景应天上有，人间能有几时有？

钱周天《小池》

池绿石碧，往来戏鱼条条。水波悠悠，荷败花凋菖蒲兴。

聚天地之光华，照五色之灵气。偶观此景，特作此诗。

冯郭玺《小池》

荷花池上微风拂，水波荡漾荷花倒。池中鱼儿闻风声，沉下池底恐风吹。

杜思源《小池》

碧水池塘，鱼儿池中戏。帘幕盖池塘，豆娘尾巴翘。一日在水中。

曹朱奕《小池》

清清池塘似明镜，几对豆娘映眼帘。唯一莲花立池中，还有荷花来相伴。此景怎能不忘我？

刘安祺《小池》

阳光照耀，水光潋滟，倒影浸其中；鱼儿嬉戏，昆虫仰泳，豆娘飞上头。

一池碧草千姿态，一朵荷花为我留。

朱芊紫《小池》

一亩方塘碧于天，池中鱼儿自在游。水光天波静如鉴，楼房倒影映镜中。

豆娘双嬉红似火，石子荷叶互辉映。夏暑已过秋欲来，惟有晚莲立水中。

陆泳溶《小池》

白云去悠悠，水面波潋滟。豆娘池中嬉，沉鳞水中游。

光晕铺水中，倒影鉴中现。半尺莲花零，唯一支傲立。

翁思怡《小池》

芊芊沉鳞戏塘中，光映水中五色辉。只惜数莲已萎去，一支傲莲斜池中。

《小池》

池中水见底，金鳞寻游伴。只是自身太孤立，寻寻觅觅真心友。今日吾望池，只见池中光灿烂，可惜池底铺青苔，使得水浑浊。人生不亦如此，若抚开一片灰蒙，便得一片明净，若自欺欺人，心将永朦胧。

卢豫《小池》

风过，草动，鱼摆尾。荷花凋零，潋滟波光辅碧荷。蜻蜓戏鱼，鱼细语，涟漪不断，芳池孤莲唯池映。

朱嘉晟《小池》

水波粼粼，阳光照着水面显得格外耀眼。小鱼儿，成群结队地游来游去。豆娘飞来飞去，火红的身体仿佛穿了一件红色的外衣，在空中舞动。

李苏齐《小池》

一日，师带吾辈于一方塘边，池内死气沉沉，只有了了鱼儿，在池内游动，叹道："荷花凋零草叶稀，了了鱼儿池中戏！"，师让看于池中，有一傲莲立于池中，忽又灵感大发，道："清风拂来池水动，傲莲独立方塘中，池上无意双蝶戏，个个映在金鉴中。"

朱亦菲《小池》

今，吾们来到校池塘。池塘方正，好似银鉴。水，波光粼粼。虽立秋已到，但伫一支荷。

亭亭玉立，似少女。石头碧，鱼儿金。阳光照，五色交。池上红蜻蜓，轻点平静水，一道粼波扩。但其否蜻蜓，其是红豆娘。其不知残阳照，是为何美景乎？后方绿草坪，是真为美乎？唯有一不足，蚊子四处飞。又见两蜻蜓，互相欢戏闹。金光闪闪，斯为美。铃响，快乐时光过。

陈俊昇《小池》(其一)

池平荷花尽，唯一伫立中。满池青碧石，盆中泥似霜。

《小池》(其二)

夹池青苔现青黄，水蝇欲息又浮冲。脚下八足蛛徘徊，新荷又欲现自艳。

顾心尧《小池》

欲说校园，必说校园之池塘。卵石铺底，倒影彩霞。鱼儿戏小，五彩斑斓，却是美景，值得一记。

已是十月，蜻蜓苍蝇俯方塘。水面浸涟漪，衬托小溪，荷叶凋零，远处却见，荷花傲放，作诗一首。

彭怡文《小池》

今日一睹校中池，才知池中多美好。微风拂面水波漾，隐隐碧石现眼前。

几条鱼儿水中嬉，水面小蛙欢乐跳。荷花至秋皆凋落，唯有一花独自立。

蜻蜓随风来作客，时而落在池壁上。满身亮红似火光，好比火点夺人眼。

池中泥盆布青苔，叶出碧水浮面上。为何此池如此大？只因心宽理想大？

俞佳禾《小池》

方池鱼戏，蜻蜓挺立，一朵豆娘傲然开放，绿叶衬红花，尽美矣！水面永不能静，如同鱼儿游去的影，赋予了它无限生机。微风轻拂，水草飘扬，又如舞风低摇摆。水蜘蛛微小却易发觉。如此美景！情不自禁作下诗一首：

蜻蜓红黄绿异美，更逊色于满池水。叶有蜓，花有蜜，细眼发现更有鱼。

戴嘉怡《小池》

池中芳草立，小荷水中笑。伸手试碧水，清凉入我心。

汪恒瑞《小池》

池上蜻蜓立，水中鱼儿戏。只悔六月中，满塘荷花立。

陈飞宇《吟池水》

方塘一亩水，潋滟方似鉴。烈日映其中，晚霞铺其上。池上豆娘飞，久久未离之。忽其停水边，是否觉其美。水中立疏草，红鲤游其中。群鱼聚而嬉，自由无拘束。水面浮水蛛，荡起几水波。唯立一朵莲，高贵而不凡。留下阵清香，沁人令人静。此景斯为美，久留不舍离。

俞可钦《小池》

复旦附中校内有一小池，说大不大，说小不小，任凭想象。池上，一枝淡莲傲立水中，那一池的碧水绿叶仿佛只为衬出那孤荷。点点蜻蜓自叶间池塘翻飞嬉戏，在阳光照耀下，从空中投射下飘忽不定的几点黑影。池下，枚枚卵石安然卧于水底，多数有青苔覆盖，给人以岁月沧桑之感。池中，鱼戏，时而聚成一群，时而形影单只，如同一个个孩子的无虑。望潋滟水光在阳光下如梦似幻地变化。微风在水面跃动，漾起涟漪层层。

夏景行《小池》

月明星稀，我披上大衣，出来散步，走过一个很静很静的池塘，这里没有其他人，只有我一个。这个地方就像我的地盘，它好像很宽广，又好像狭窄，又若隐若现的。我听见水里鱼打转、呼吸的声音。啊！被乌云朦胧了许久的明月，终于出现“惊山鸟”了。在月光的衬照之下，我看到一朵朵美丽的荷花，它们是多么耀眼，有些碧绿、发涩，有些红艳粉扑、如火，有些白皙、平凡，有些……但是，池塘中，不仅有荷花和其叶，还有类似高瓜（茭白）叶的水生植物，在荷叶之间架起了一座座小桥。池塘之水，只有月亮所反射之处唯最亮，好似我的前途宽广，所有黑暗之处，我都要用一点一点的光明去填满它们。

徐子豪《小池》

阳光之下秋池塘，生机始终又复合。欲看池底锦鲤戏，孑孓水虿又睛目，池面水上芦尖起，深秋芦尖三尺高。池中荷叶枯沉水，盛夏也曾绿怡人。池水浑浊面似镜，倒映入水双世界。油光满面小池塘，水黾亦可猎蟒 。底石茸毛从何生？群菌喜居潮石体。万类长生竞自由，谁欲从怂谁食？捕食之事谁无从，又有怨埋何理有？生老病死痛人心，又能奈他竟如何？你猎我食无狭意，你死我活是真理。生存战争不平息，内心坚忍需第一。鱼死网破又如何，玉石俱焚忍我何？残忍杀生亦人性！外善内残方可好？此景只是初秋事，谁知盛夏战激烈？炎夏生机欲爆发，谁战谁死看谁强！优胜劣汰无人改，魑魅魍魉阴阳斗。豪情笑纳强抢夺，生死之争不可耻。人世真理何处在？热血是虚冷血实。

【反思】

池塘边的一节课，两天时间，他们写了这些。没有给他们讲过写诗，只是背了很多；没有让他们写古文，只是偶尔和他们一起来几句。

我提醒自己，千万别急于去评价这些是否“幼稚”是否“不押韵”“平仄不对”。

我不舍得修改，想保留下来，到一定时候，让他们自己改。我录了这些，不是为了凑字数，是真的舍不得删除。我的一位高中学生说：老师，留着，为他们。

我 2015 年 9 月 1 日开始教预备（2）班，只教了一年，却把我的心扎在了那里。

不教他们已经三个月了，但他们常常来找我，有时要求我再去上一节课，我尽量拒绝。

教他们的这一年，我同时教高一（2）班，这两个班，考验着我的切换速度，应变能力，却带给我很多思考。

每次从预备教室出来，身边总是围着几个“十万个为什么”，各种应接不暇的问题。

我从来没有想到这么大的孩子，求知欲如此强烈，这一年，让我对教育充满了期望。

我想记录一些片段，反思可能就在其中。

第一篇作文：《我的老师》。收上来一看，哇，“灵魂塑造者”“辛勤的园丁”“蜡烛”，这些大帽子，铺天盖地。第二天上课，我请他们把听来的、抄来的赞美词划掉，细腻地描述一位自己的老师，表达对老师的感激，一定要说有温度的真心想讲的话，我告诉他们恰当的语言才叫文采。这样一讲，教室里安静了很长时间，然后一个个小手举了起来，开始描述他们的某位老师，这样持续了两节课，越讲越好。看来删除陈词滥调何时开始都不晚。

第二学期的初春，我们的校园异常美丽，我让他们当堂写一篇作文《寻找春天》，交上来一看，一位男生空着，一字未写。他告诉我天气这么冷，哪里像春天。第二天讲评作文，我读了几乎所有学生作文的片段，他们很兴奋，因为大家发现，自己忽略了很多东西。最后，我把这张空白卷展示出来。接着表扬了这位学生的诚实。我问大家，怎么办呢？孩子们七嘴八舌，说服着这个男生，而他还是一脸茫然。下课前，我告诉学生，愿不愿意来一次“寻找春天”的游戏，吃完中饭我们一起去校园的角角落落，找一找。哎呀，结果，我带着 40 个学生，还跟着 70 岁的黄玉峰校长，我们开始寻找。一个小时，发现了那么多春天的信息，那个孩子也活跃了起来，最让我感动的，是孩子们看见几个工人在种竹子，很费力。他们看完，几个人上前说：老伯伯，你们真辛苦，几个工人也很开心。

也是第二学期，教材中有一篇散文，另外一个老师开课，他把文章从里到外分析了一遍，但我发现孩子们迷惑了，到我这里，也这么分析吗？我们大声读，让学生讲，三个孩子就把文章讲明白了，那再干什么呢？补充材料，同样主题的散文、诗歌、杂文各一篇，从不同的方式表达同样的内容，这样，也是一节课。学生兴味盎然。就这样，我带着这些小家伙，开始由单篇阅读，到整本书阅读，我发现，别害怕，他们真的行。在池塘边给我们讲蜻蜓和豆娘区别的徐子豪，有一天早读走进高中教室，给大哥哥姐姐们讲《物种起源》，他用简洁的图表演示了达尔文的科学发现。以后，我们都尊称其为徐博士。

在这个班级，有个小钱同学是非常独特的，每一节课，他都拼命举手发言，有时候，没有叫他，他会急得满脸通红，非常爱和别人辩论，有时候，不讲清楚，决不罢休。对此，同学们很有意见。在我的读书沙龙第一节课，大家就约定：每人只能讲一次，且不能超过三分钟，但此条文对他很难起效。当大家实在控制不了他的发言欲望时，我就得出场。其实，我是真喜欢这个孩子，同学们也挺佩服他，因为他读了很多书，虽然有些是囫囵吞枣，但肚子里确实有货。就这样一个愣头青，谁能想到他心里竟然曾经很苦。一次上阅读课，他把我叫到一个角落，说想和我谈谈。他讲了自己的小学生活，讲了自己受到的打压（原话），讲了现在读书的快乐，边讲边哭，我在旁边完全不知道该说什么。这是一个预备年级的孩子，这是一个那么有求知欲的孩子，这是一个尚未明白什么是人情世故的孩子，竟然有如此多的“苦水”，出乎我的意料。随着接触增多，我也发现了他的很多毛病，也在慢慢地提醒他。现在，不教他了，他会定期到我这来聊一聊，一般，我只是听，摇摇头，点点头。有时候，我俩也会来一场论辩，目前，多数我赢，但我知道，我盼望被他说服。这是一个优点缺点都非常明显的孩子，但我真的喜欢他。

这些旺盛的孩子们，他们还在继续天不怕地不怕地创作、学习、思考、表达。这样，真好。

“说教育是一门艺术而真正的教师是艺术家，已是老生常谈了。目前，教师是否可称艺术家，完全要看他能不能在那些跟他一道学习的人（不管是年轻人还是小孩子）身上培养出艺术家的情趣。有的善于唤起激情，传播大观念，振奋精神。这些都是说得通的；然而，最终还要看一下这样给予大目标的刺激因素本身能否变成动力，也就是说，变成控制执行方式的洞察一切的注意力。若不是这样，热情就会衰退，兴趣就会丧失，理想也就成了一团模糊的记忆。其他教师则善于训练某种技术的熟巧、技术、能力。就其本身来说，这些也确实是没有问题的。但是，除非精神视野扩大，判别最终价值的能力不断增强，对观念——对原则——的意识伴随这种训练，结果就只能是各种技术随时可能不加区别地用于任何目的。这种形式的技术根据具体情况就会有不同的表现，例如：用于个人利益时就是狡猾；用于实现他人的目的时就是顺从，或不动脑筋的老牛拉破车。使崇高的目标与具体的行动方式统一起来，既是教师的困难所在，也是对教师的报偿。”

——杜威《我们怎样思维》

9 抓住学生的“突发奇想”激活语文课堂

【引言】

《语文课堂标准》提倡学生“在主动积极的思维和情感活动中，加深理解和体验，有所感悟和思考，受到情感熏陶，获得思想启迪，享受审美乐趣”。但长期以来，我们的课堂过度强调了教师的主导地位，大多数时候学生只是聆听者。语文课堂教学过程中，如何真正地把学习的主动权交给学生，如何真正地调动学习的积极性和主动性，如何处理预先的设计与课堂实际情况出现偏差的情况，使语文教学成为有感情、有生命的活动，是一个值得我们深思的问题。

【案例】

语文课堂是学生与文本、学生与教师、教师与文本之间一种充满生命活力的交互过程。在这种交互过程中，应该激发学生内在的潜能，调动主体内在的动力，使课堂达到情感、态度、价值观的和谐统一。但是正如叶澜教授一针见血所指出的那样：“上课是执行教案的过程。教师的教和学生的学在课堂上最理想的进程是完成教案，而不是‘节外生枝’。教师期望的是学生按教案做出回答，若不，就努力引导，直至达到预定答案为止。学生在课堂上实际扮演着配合教师完成教案的角色。”我们有时有意无意间让“死”的教案支配和限制“活”的学生，遏制了他们在课堂上思想和生命的活力，使原本鲜活灵动充满情趣的语文课变得机械、刻板与程式化。

这让我想起了两组很值得回味的情景：

在最近学校举办的青年教师教学评比中，一位刚走上工作岗位的新教师讲授《道士塔》，这篇文章出自余秋雨的散文集《文化苦旅》，是这位老师自己补充进课堂的。由于她所执教的高一正在进行二期课改的试点，所以她将这篇文章的授课模式定为“师生互动式”。一堂课听下来，感觉很顺利，这位教师很完整地完成了发给我们的“公开课教案”上的教学任务，课堂教学井然有序。但我听完课后总觉得缺了点什么，在课后评课会上，一位同仁的一个问题“点醒了梦中人”。回顾课堂，在朗读课文，交流背景材料之后，老师按自己预设的问题开始了提问，同学们由于课前搜集了许多资料，也都回答得很流畅。当老师问：“如果你处在当时，对王道士的丑行，对宝贵文物流失将作何反应？”几个同学都回答“气愤”，但有一个同学却怯怯地站起来说“无奈！”当听到这个回答，我心里一震，这是一个多么好的回答，但这位老师显然是没有预料到这种答案，也可能是为了完成教学情感目的中的“激发强烈的爱国热情”，而迟疑了片刻，又按照原有的思路教下去。那个学生坐下来后，左右同学有些议论，但不久又都认真地去聆听老师的讲解了。就这样，一个小小的插曲很快就过去了，当它在评课中被提出来讨论后，连这位老师自己都承认，“无奈”是最符合文本背景的回答。在那个民族灾难深重的时期，任何一个人都无力去独自面对那些强盗，保护自己的文化财富，唯有国富民强，文化才可能得到重视和保护。交流之后，我们发现，整个教学过程中，唯有这个学生的“突发奇想”，原本可以成为课堂的亮点，但被教师忽略了。这是位很上进的青年教师，她决定下节课要去补救。我也提醒她，可能因为公开课的缘故，她急于想完整地完成预设任务。建议她在下一节课上，一定要抓住差点流失的那个亮点，带动同学们的热情，可能会收获更多意想不到的成果。

这个情景，也让我想起自己十几年前刚走上讲台的许多尴尬。有一次也是在公开课上，讲授鲁迅的《呐喊自序》，当讲到鲁迅在日本决定弃医从文时，一个学生竟然站起来问了一个让我张口结舌的问题，“材料上说他原准备去德国，他要去德国干什么？为什么没有去成？”我眼前一黑，怔了片刻，只好红着脸说出“我不知道”。这可是我第一次上公开课，那么多同行听课呀，接下来的课上得平静但寡味。之后许久，我都觉得同学们在嘲笑自己。但当我冷静下来，决定和那位同学一起找资料，一起分析，找到了几种可能的答案，并告诉全班同学时，我发现，学生们并没有对我太失望，而是对鲁迅先生更感兴趣。我的“损失”只是把原本两节课延伸到了四节，同学们兴致很高地搜集资料，阅读鲁迅传记，在课堂展开激烈的讨论。而我在一边“旁观”之余，也发表看法。尴尬之后的及时调整使我不再怕这种“意外”，而是学会了抓住时机，顺水推舟，激发学生的求知欲。我不知道这节课的直接效益是什么，只知道我的语文课不再是我唱独角戏了，我和同事戏言“一次放纵改变了振臂高呼无人响应的悲哀”。同时学生们写出了一次最让我满意的作文“假如没有鲁迅”，要知道连这高明的题目都是学生自己想出的。这以后，我明白，学生的阅读差异正是我们语文课堂的最好资源。要让语文课真正有效率，看来需要尝试着给我们自己减负。

阅读是一种心与心的对话，是情感与情感的碰撞。它不仅仅是一种阅读行为，更重要的是一种阅读后再创造的过程。我们的语文教学所面对的是同样有母语基础，有一定理解力的学生，所以我们再缜密的教学设计，都是从自身理解出发，或者从别人那里借鉴来的，如果走进课堂我们只是想把这些内容灌输给学生，那我们的教学只能处在低级的“迁移”状态，而不是在帮助学生打开思路，严重的话，可能是在阻碍学生的思维。我们越准备得充足，给学生留下的思考空间就越窄。面对文本，学生也是读者，教师必须从关注生命的高度，深入研究学生在课堂上生机勃勃、活力无限的学习活动。也就是说，教师决不能完全按照预先设定的教学目标和教学计划进行教学，要时刻注意课堂中发生的情况，也就是我们的预设与学生实际情况产生的偏差。这种偏差往往是一种重要的教学资源，教师如何充分利用这种教学资源，使我们的课堂成为一种动态的课堂，是一个非常值得探讨和重视的问题。

我记得上海著名校长郑杰在《给教师的一百条建议》一书中写道：如果教师能够找到一种最大限度地拓宽学生的“自由”空间，最大限度地提高学生掌握知识，发展自身能力的教学策略，无疑将受到学生的尊敬和爱戴。

可是，有时候我们的语文课更多的是在培养我们教师的表达能力，使许多人一提到语文老师就想到“口若悬河”，而学生更多时候像沉思的哲人。有教育家指出教师擅长讲，不擅长听。有心理学家指出“倾听是一门失传的艺术”。这，都值得我们深思。我们应该反思，我们是否在有意无意间剥夺着学生的发言权，剥夺着他们的自由？最近，观摩了一些国外的课堂，有时候，觉得他们的安排很凌乱，就是教师抛一个问题，学生七嘴八舌。但是，仔细梳理下来，发现，这样的课堂学生的思维很活跃，各种想法不断碰撞，特别是一些在我看来的“突发奇想”常常得到掌声，这很值得我们借鉴。

无论是授课内容，还是学习方式，不妨都听听学生的意见。记得一次讲《古诗为焦仲卿妻作》，非常强烈地希望同学们把它背下来，于是让同学想办法，双休日回来，收到很多奇思妙想：试一试，配乐；试一试改编成话剧。甚至有一个同学想到了cosplay，这是一个有cosplay情结的女孩，常常一个人默默地坐着，很少和别人交谈，老师们也很头疼，因为成绩还可以，大家也就不太关注她。她给我一个纸条：我想用cosplay演绎《古诗为焦仲卿妻作》，行吗？看完我一头雾水，因为这是我第一次听到这个名词，这是什么，我怎么回答？查资料，万能的百度让我大致有了了解，我当面同意了她的建议，她提出给她一周时间准备。于是，我把课推后了一周。上课那天，恰好学校来了很多客人，也来听课。我们欣赏了用这种独特形式表演并且拍摄下来的《孔雀东南飞》。10分钟，教室里很安静，我以及其他几个老师，确实没有看明白什么，似乎就是角色扮演，静态表达。课后，我的一位领导说：你干吗要搞这些花里胡哨的东西，我没有作答。事后知道，所有的服装竟然是她缝制的，她的朋友们配合完成了拍摄。后来，我和学生们一起进行了后期加工、配乐、旁白，挺有意思。我特意去了一次鲁迅公园，观看cosplay。她知道后，静静地笑了。折腾了一周，有一个学生一字不差地背诵了整首诗，大多数同学能背出一部分。

【反思】

苏联著名教育家苏霍姆林斯基说过："教育的技巧并不在于能预见到课堂的所有细节，而是在于根据当时的具体情况，巧妙地在学生不知不觉中做出相应的变动。"

预设和生成是讲好课的两个因素，二者缺一不可。传统的教学中，教师过分依赖于课前的预设，课堂教学往往显得过于严谨而周密，具有很强的计划性，这一点是预设的优点，同时也是预设的不足之处。虽然预设是进行阅读教学的必要条件，但绝不是上好课的决定条件，更不是上好一节课的唯一条件。教师预设过程中不能充分想象课堂当中所发生的一切，必须随时地发现，甚至是挖掘课堂中学生的内因动态的生成，并创造条件促使内因向提高语文素养的方向转化。有时，我们自己没有多少感觉的文章，可能由于自己的朗读，自己提供的背景材料，却使学生的情感被调动起来了，课堂的氛围在不知不觉中浓了起来，这是符合语言教学规律的。

生成是一种教学方式。"生成"强调的是教师、学生、文本三者之间的互动。在阅读教学中，教师是学习活动的组织者和引导者，但教师指导只是学生语文素养形成和发展的外因。学生是学习的主体，其学习的内因是不断产生的学习需要与自己原有的语文素养水平之间的矛盾。外因通过内因起作用，教师的预设不可能想象到课堂当中发生的一切。教师必须随时发现，甚至是挖掘课堂中学生内因的动态生成，并创造条件促使内因向提高语文素养的方向转化。所以我并不赞成所谓的课前"备学生"，学生是你熟悉的，没必要"备"；学生对文章的理解本来就是多元的，更没有必要"备"。我们最应该做的是调动自己的知识储备，尽可能吃透教材，这才可能"以不变应万变"。

"预设"是教师围绕教学目标而设计的教案环节和程序，"生成"则是在程序实施过程中引发出来的有关问题，预设的任务要完成，生成的问题要解决，因此往往产生"预设"与"生成"的矛盾。但也正是这些矛盾为我们提供了更多的创造课堂教学亮点的机会。

所以，能否处理好"预设"与"生成"的关系，可以看出一个教师课堂平衡兼顾的智慧。

就语文课而言，把学生的阅读引向正确的轨道，首先要面对的问题是如何处理文本价值与学生独特体验的关系问题。学生在阅读中提出了自己的问题，读出了自己独特的体验。当这与教师的体验产生差异时，如何把握好平衡的“度”，关键在于教师“引导、点拨”的艺术。

阅读文本要强调披文入情，既要“虚心涵泳，切己体察”，含英咀华，又要进得去出得来，读出自己的真感受。文本表达的朦胧含蓄，留下了许多意义空白和想象空间，这也正是我们语文课堂教学的魅力所在，教师要尊重学生在学习过程中的独特体验。不论这种体验正确与否，深刻的还是肤浅的，抑或是错误的，都是十分宝贵的。学生读了课文以后有时需要把自己的“会意”说出来。如果统统不说出来，那就不存在教学活动了。它不仅有利于培养学生的创新性思维能力，也体现着教师对学生生命个体的尊重。

如何解决“生成”问题，需要教师渊博的知识、睿智的思想、敏捷的思维、应变的技巧和多门课程的融合能力。目前教师教学放不开和不敢放开的原因，主要是不敢放开，生怕一放就乱，一发不可收；放不开则是教师没有从“自我中心”角色转变过来，没有真正把教和学摆到平等的地位。从预设的课堂走向生成的课堂，从教师的心灵世界走向学生的心灵世界，需要勇气，需要智慧，更需要实践。

当然，在处理预设和生成关系时决不能走极端。预设是教师对文章的理解，体现了教师与文本的对话，展示了教师与作者思想的交流，融入了教师对文本情感的升华，可以说预设闪烁着教师智慧的光芒，但这种情感是教师个体行为，不可能因为你是教师，学生就一定能产生“共鸣”。这一点我们必须承认。但我们也决不能误解了新课标的内涵，因为过分强调生成，从而忽视了预设在语文教学中所起的重要的作用，甚至对教师的课前预设全盘地否定。这样就会将语文教学引入另一个极端，完全由学生的主体代替了教师的指导。语文教学应该是学生的自主和教师的指导相互依存、相互作用的双向关系。“教师指导”的着眼点是“学生自主”；而“学生自主”的必要条件是

“教师指导”。叶圣陶老先生曾经说过“教是为着不需要教”，深刻揭示了教与学的辩证关系。

布卢姆曾说过，没有无法预料教学所产生的成果的全部范围，没有预料不到的结果，教学也就不成为艺术了。学生作为一种活生生的力量，是带着自己的知识、经验、思考、灵感参与课堂活动，并成为课堂教学不可分割的一部分，从而使语文课堂呈现出丰富性、多变性和复杂性。我们应该大胆抓住学生的“奇思异想”，激活我们的课堂。真正发挥师生的双主体作用，让学生和教师独特的感悟、体验与理解在课堂上共同绽放。

相信那个回答“无奈”的学生会得到尊重，在他的思考得到老师肯定之后，更多的学生会明白语文是教师、学生与作者心灵和文化之间的一次盛宴！需要他，需要我，更需要你！

【参考文献】

钱正权：《把学生个性化阅读引向正确轨道》

高文（主编）：《现代教学的模式化研究》

10 直面课堂真问题:《回忆鲁迅学生》

【引言】

一个教师的发展，除了大环境的影响，更多的应该得力于自身的追求。很多学生说我上了讲台就是另外一个人了，我一直想知道自己那一刻的形象。于是，我们家的第一台录像机诞生了。一有时间，我就把自己的课堂实录下来，慢慢玩味。但实际上，常常一边实录一边自责，废话太多，明知故问太多，讲得太多。然而，实录，确实是一个自我认识的好方法。

【案例】

授课: 2010 年 10 月　　高一 1 班　　点评: 2013 年 5 月 18 日

（预习准备：完成自学问题单，提出自己想弄明白的问题）

学生： 起立!

老师： 请坐。今天我们来一起来讨论一个很严肃的话题。把预习学案打开。

（同学们纷纷拿出预习学案）

老师： 现在呢，是一个网络社会，确实，每天早上只要你随便打开电脑，无论是新浪、搜狐，我们都会看到漫天飞舞的、到处的各种新闻。对吧，各种评价。而且我觉得呢，很早我就从你们的随笔里面看到现在非常流行的一个字。

（老师在黑板上写下“顶”）

老师： 说章子怡捐款是假的，啊，我“顶”。然后今天又说章子怡捐款是真的，我也“顶”。是这样吧！说芙蓉姐姐好哇？好！他懒得写好，直接“顶”。我觉得这个现象值得我们深思。要了解一个人物是好是坏，是不是光听别人说就可以啦？我们需要经过自己的一些沉思，对吧。我们现在就利用语文课教大家怎么去看一个人。我觉得孔子呀，在《论语》里面讲到这句话，大家一定要记下来。

老师在黑板上写下“听其言而观其行”——《论语》

老师：我们要了解一个人物必须要听其言而观其行。昨天收来大家的学案。我把一班和四班对这两个问题的回答整理了一下。当时问的是什么呢？为什么有的同学不喜欢鲁迅的作品？我们来看看，啊，我这里整理了一些。（展示）第一，说校园有一个顺口溜：一怕文言文，二怕写作文，三怕周树人。还挺押韵的哦，把鲁迅也放进去了。第二，说鲁迅的小说没有离奇的情节。第三，说鲁迅的文章太犀利、太深刻，让人受不了。第四，说鲁迅太刚烈、太高傲、心肠太硬。特别是这四个字，最后四个字怎么说的，心肠太什么啊？

学生：硬。

老师：硬。我们等会看看他心肠是不是很硬。说“很多人批评鲁迅却没有读过他的书，对此我很气愤”。这是（4）班的一个女生说的，我觉得我很赞同。我也经常上博客啊，我就发现很多人，上论坛，都骂鲁迅。但是骂鲁迅的人他没有列举出有说服力的实证。昨天，我给大家看了 07 届学生写的一本集子《走近鲁迅小说》。就是希望大家反思。第五，说他的名气太大了，树大招风。第六，说鲁迅敢于直言，公开说别人不敢说、不想说、不愿说、不能说的话，这样会伤及许多人。这个我好像也听说过的啊。第七，我觉得这个是咱们班一个女生，我觉得写得很可爱，“他的文章写得太华丽太有深度，所以看不懂的人就虚化”。

老师：为什么铺天盖地地在网上骂人家，因为不理解别人的行为是不是？唉，老是拿自己的行为标准去衡量别人，觉得“哦，该骂！”然后下面两条是跟我有关系的，所以我看完这两条就不知道今天这课怎么上了。第八条是（4）班戚同熙他写的。他说：“因为语文课本上经常有鲁迅的文章，老师绝对是要逐字逐句仔细讲，因为这种文章通常都会大面积地出现在试卷中，所以一提到他同学们都……”他用了很过激的词，读出来。

学生：厌恶。

老师：对。这是我的问题啊，所以我今天不知道该怎么讲。我就想起啊，我在2007年帮着出这本册子的时候我写了个前序。当时我第一段这样写的：“我们的时代不能没有鲁迅，这是20年前我的语文老师几乎是含着热泪告诉我们的一句话，但其实那时候我们并不明白。现在我也常常在讲鲁迅的文章中把这句话告诉学生，但我知道他们也不明白甚至有些厌倦。”其实我也知道，我们读书的时候鲁迅的文章更多，但是我的语文张老师他讲得真的很好。他经常含着眼泪讲，可是我们没有感觉。你们现在也是一样。最后一条据说是你们摘录鲁迅纪念馆一个副馆长的一个观点，他说：“同学们不喜欢鲁迅，问题在于语文老师不会点拨。”问题也是我的了啊！谁的问题啊，我的，因为我就是语文老师呀，所以我更紧张啦。那我怎么讲鲁迅呢？但是，我想看看这些，还不是全部啊！我想问一个问题：我们对鲁迅的这些了解是通过什么渠道来的？我们真的像孔子所言“听其言而观其行”吗？（几个学生摇头）没有。观其行了哇？没有。鲁迅1936年10月19号就离开我们。那么我们得出这些结论的渠道是什么？夏璐瑶，夏璐瑶敢讲真话的。你觉得大家得出这个结论的渠道来源于哪里？

学生：有小部分人是看评价鲁迅的文章，大部分是道听途说。

老师：可信度强不强啊？

学生：不强。

老师：不强。好，坐下。有同学说：“老师我们很自卑，我们对他一无所知，怎么办？”唐弢，我们知道另外一篇文章是他写的，《琐忆》，他也曾经对鲁迅有许多误解，谁起来给我们读一下这一段？这一段。里面有两个字不认识？“如何睚眦必报”还有一个“众口铄金，积毁销骨”来，谁来，读一下这段。

学生：（朗读）“当我还不曾和他相识的时候，……不敢去接近他。”

老师：所以我们以后在电脑上“顶”的时候啊，最好把作品看一看，生平资料理一理，再去“顶”，好吧……今天我们走进萧红的《回忆鲁迅先生》，把书打开。我们昨天带着一个问题回去，谁把这个问题给我们重复一下？

（学生打开学案）

点评：

这个课堂导入还是有特色的，虽然讲得太多、太杂。学生在课堂上最怕所学内容与自己无关，所谓“事不关己高高挂起”，你用“学案”的方法，把首次阅读权利还给学生，引入社会现象，能够引起学生的兴趣。但，教师统治话语权的倾向还是很严重，为什么不推着学生去思考如何全面客观地看待问题？为什么不多花点时间让学生去讨论网络言论缺乏实证的危害性？为什么不直接让学生来决定这节课需要探讨的问题？难，也要尝试。

老师：有哪些细节给你留下了深刻的印象，在改变着你以往对鲁迅的看法？

学生：17页。“笑”就是一下子感觉鲁迅先生非常亲切。

老师：（在黑板上写下“笑”）

老师：她就是因为一个笑开始写鲁迅的是哇？所以他很亲切，和平时的不一样。好，那这样子，我们就沿着她这条思路先把整个文章写先生笑的地方找出来。试一试……

学生：19页。

学生：幽默。

学生：“饺子煮好，一上楼梯，就听到楼上明朗的鲁迅先生的笑声冲下楼梯来。”就是鲁迅先生很明朗。

老师：哦，用了“明朗”这个修饰词。

学生：鲁迅先生很和蔼。

老师：很和蔼，是吧，很和蔼，跟你原来想的一样吗？

学生：不一样。

老师：不一样，而且我发现萧红的语言她用了一个动词很特别，什么下楼来，“冲”下楼来我们一会儿再说。还有吗？就笑而言，还有没有？文章写笑的……

学生：第 20 页 54 节。

老师：54 节，非常好，就要这样阅读。

学生：“许先生和鲁先生都笑着，一种对于冲破忧郁心境的展然的会心的笑。”

老师：好，那么我们来看一下其他的细节，哪些细节让你觉得它很出乎你的意料。

学生：第 19 页。“鲁迅先生嘱咐许先生一定让她坐小汽车回去，并且一定嘱咐许先生付钱。”他比较细心，很细腻。

老师：你，头抬起来，别人回答问题的时候不要看书，应该看着她。听见了啊，他非常周到，而且我们前面查了一些萧红的资料，我们知道萧红是一个作家，但是她遭遇怎么样，啊，非常坎坷，所以鲁迅很周到地说你要送她上车，并且要付款，非常好，请坐。还有吗？

学生：鲁迅先生有一种风格，很体贴人。

老师：我觉得你有不同意见对哇？（指着另一个学生说）起来，没关系的呀，就这句话而言，他说很体贴人，你还有别的想法吗？我看你也划下来了。

学生：就是，没有架子。

老师：没有架子，这个时候他也不能有架子，因为这段描写的鲁迅是个什么身份，这个时候的鲁迅实际上只是一个幽默体贴的什么？这里对着妻子说我能再吃一个哇？一个丈夫而已，体贴幽默的丈夫。

学生：第 2 节，“鲁迅先生走路很轻捷，尤其使人记得清楚的，是他刚抓起帽子来往头上一扣，同时左腿就伸出去了，仿佛不顾一切的走去。”一般在我们看来文人走路都是很慢的。

老师：摇着走的是哇，然后这下突然觉得……（发现一个学生若有所思）

学生：突然觉得，突然觉得，有点疯疯……癫癫。

老师：鲁迅性格很急的，风风火火。但是，说到这，我加一句！请坐。刚才我在（4）班上课的时候，有一个女同学这样子来评价这句话，你们听听。她说：“老师，这句话可以看出鲁迅先生做任何事都义无反顾。”挺有意思。

学生：第 3 节，“鲁迅先生不大注意人的衣裳，他说：‘谁穿什么衣裳我看不见的……’”这句话表明鲁迅先生看待人是十分理性的。

学生：第 18 页，“你不穿我才说的，你穿的时候，一说你该不穿了。”这句话可以看出鲁迅先生蛮会调侃的，蛮会调侃的是哇。

学生（男）：老师，我不喜欢这里，一个男性，一个老师，怎么对服饰如此评头论足，不舒服，就是不舒服。

老师：这是你的看法，可以保留。

学生（女）：为什么不可以，这是在家里呀。就是你们的这种苛刻的要求，把一个人弄成了神。（鼓掌）

老师：各抒己见。

学生：嗯，总之，这篇文章的视角，改变了以往我对他那种排斥的心态。

老师：但我要提醒你，因为一篇文章就立刻对一个人，一件事情产生新的印象，并不一定是一件好事，依然处在我开始讲的那个怪圈。好，那么头抬起来我们再看一看这句话。他说：“你不穿我才说的，你穿的时候，一说你该不穿了。”除了很幽默以外我们想一个问题，接下来就是鲁迅的为人。

学生：人情练达，操心。好像和杂文中他处处与人作对不太一样。

点评：

实录到这里，确实有一点值得表扬。在课堂过程中，你非常关注学生，眼睛里有学生，随时在发现学生处于什么状态，这很需要。记得一位语文前辈讲过："语文课堂，就是要把学生的学习状态调节到最佳。"你连续提醒"把头抬起来"，这可能是习惯，但是否也说明你上课的时候，没有能够让所有学生参与其中，都能够发表看法，你的"插话"还是太多。当然，在点评学生回答时，不迁就，这是需要的，否则，接收学生不正确或者不清晰的解释，会使高思考力水平下降，这也是目前我们教师容易走的另一个极端，把引导变成了一味地妥协。

老师：是的，你有了比较。因为比如说今天杜老师穿了黑衣服，你说："哎哟，你穿这衣服太难看了。"你说我现在怎么办，现在回家换来得及哇，然后我忐忑不安，一天都不快乐。我想问一个问题啊，直白的问题，在看这篇文章以前道听途说也好，听其言观其行也罢，鲁迅在你心目中是怎么样的一个形象？我们在学案的第三题都做了。实话实说。好哇？想一想。

学生：严肃不太爱讲话。

学生：看出来他很爱国，有批判精神。

学生：他还是一个很珍惜时间的人，严肃，拘谨，乐观，爽朗。

老师：谈得不错，好。那在我们读完这篇文章以后，我请同学们来看一下鲁迅的形象有没有一点变化。我们把刚才同学点评的东西稍微做一点小结。常常有人说鲁迅被过去的文人也好，被过去的媒体，甚至政府，推得太高了。在我们心目中他是一个什么人？

学生：伟人。

老师：伟人。但这篇文章读完以后我们觉得他也是一个什么人啊？

学生：凡人。

老师：凡人，一个真实的人。我就想起刚才在（4）班有个男生讲了一段。第几页呢，看 18—20 段，讲到一个女人的那一段。这个（4）班的男生讲了一个出乎我意料的细节，他说：我终于发现鲁迅也喜欢谈论女人啊！我原来以为鲁迅呢只能“横眉冷对千夫指，俯首甘为孺子牛”，原来他也是像我们一样谈论一点绯闻呀。当然，说得可能有点夸张。但是，萧红确是给大家塑造了一个凡人、真人鲁迅。来，我们一起帮着总结一下。

学生：平易，幽默，爽朗，真诚，待人很真诚。

老师：好，我现在要问的问题不只是这些。那么萧红为什么能通过这些文字让大家看到这样一个不同一般的鲁迅呢？这是最主要的问题。我们不是也会写文章，每周都要写一篇啊。就萧红为什么能写出这样一个体贴、幽默、乐观、平易近人的鲁迅？是不是让我们感觉和原来的鲁迅不一样了呢？她怎么做到，她通过什么方法达到。可以结合学案的三再看一下。好，你们四个人一组讨论。放松啊，你们后背有点僵。你们先说，她通过什么渠道达到了这个效果？

（老师拍了拍同学的背部，讨论氛围逐渐热闹）

点评：

如果一味只交流对散文中鲁迅形象的看法，等于把文本抛开了。文本解读可以多元化，但作者的写作立场、视角一定不能忽略。文本的原始价值和教学价值有区别，但更应该尽可能统一。散文是最个性化的表达，一定要带着学生站在作者的视角，咀嚼字里行间的情感。我记得孙绍振先生在《名作细读》中的一句话：中学课堂要的是货真价实的，系统的分析，而不是玄妙的，空洞的赞美。你在和学生一起分析鲁迅性格特点的时候，落脚点在文本上，这是应该肯定的。但要提醒：你的，萧红的想法，都不应该代替学生的想法。要提醒学生，在思考时要逐渐培养自己的批判性思维，要敢于质疑。在这个环节，我还没有看到你在这一点上的作为。

老师：交流交流，（巡视，随时交流）从语言角度、从感情的角度，我们来看看有一些什么值得我们学习或者鉴赏的地方。好，谁来回答。

学生：萧红她用自然的语言去描写他熟悉的一切。（老师板书）

老师：对，我真的很感动，你用了这个词啊！自然的语言，去写他熟悉的一切是哇！很好，还有吗？

学生：她的语言有些幽默和嘲讽。

学生：萧红不像其他人那样把鲁迅捧得很高，把他当成一个很平易近人、很平和的人让我们来了解。（老师板书）

老师：哦，她没有像我们普通人一样的是对鲁迅是什么视啊？仰视。司马迁对孔子是：高山仰止，景行行止。她是？

学生：平视。

老师：平视是吧。学案里有同学提问：你觉得萧红是怀着一种什么感情去写鲁迅？

学生：尊重。

学生：当作亲人。

老师：那么写作技巧上我们再看看，还有什么值得借鉴的？

学生：她抓住了很多鲁迅生生活中的细节来描写鲁迅。

老师：她抓住了很多细节。那么这些细节是真实的还是虚构的？

学生：真实的。

老师：细节是真实的。好，她没有仰视鲁迅。头抬起来。而是平视，真挚地写出了鲁迅。第二，她的描写是非常逼真的！让我们感觉这些细节是真实的。还能记得鲁迅的笑容、笑声是从楼梯上怎么出来的？

学生：冲下来的。

老师：唉呀，这个词太好了，太好了，“冲下来”！好，那我们反过来看一下刚才那同学讲的自然描写。我觉得他真的很聪明。请看学案的最后一题。我把原文的最后一段打印上了，我们来一起读一下。从这开始好哇！“又过了三个月”开始！

学生朗读

老师：这是原文的最后一段。写鲁迅先生在1936年10月19日去世前。作为一个和鲁迅如此之感情真挚的人，可是她在描写他的去世的时候，她的语气是……什么的？

学生：平静。

老师：平静。是平静！前面在讲杨绛女士的文章叫什么？《老王》的时候，老师讲过了她用的是主观描写还是纯客观描写？

学生：纯客观。

老师：对，纯客观的描写。但是，这一段纯客观的描写里面所包含的东西多不多？

学生：多。

老师：“我”是一个苦命的女子，爱情一次一次地被欺骗，亲情的丧失，就这么一个人把我当作一个人看。但是他却死了，我这心里一定很复杂。但是文章没有用一个爱啊，想念啊，思念。就是纯客观地写下去。萧红倒是很平静，但是我们读这一段的人平静吗？

学生：不平静。这是不是就是语言的“张力”？

老师：对，大声说说。

学生：张力。（老师板书）

老师：黑板太小我实在没办法写了啊！就是这语言非常富有张力。好，我们回过头来看一下。萧红的性别是女性，所以我们说她写文章可以大胆地发挥我们自身的特长。好，谁来给我们把这段一起来读一下好哇？“她用女性”开始——

老师：萧红是一个女性，我们作为女性身上自然有不可避免的弱点，但是我们确确实实有我们细腻的一面，我觉得萧红整整三年把这个情感压抑住，但一万多字的《回忆鲁迅先生》是她真实的暴露。所以大家一定要记得如果真的想写一个人，或者我真的想写一件事，首先你要对这个人和事有感情。我们想起了上一周咱们班谁写的那个写到外公的那篇文章，随笔，谁的呀？

学生：徐晓兰。

老师：啊，徐晓兰。因为她在外公去世以后她开始反思自己，是主动反思。所以我觉得她那篇文章一定是眼泪在眼眶里转时写的。只有这样写出来的文章才可能有强烈的感染力啊，情感丰富，所以大家记住，要学会做一个有心人，做一个有心人。好，我觉得文章呢裁剪的太多了。这篇文章原文里面有很多很精彩的东西，我现在给大家摘录了一段。这一段呢非常平淡，就写鲁迅先生的作息时间。我们请曹彬涵来，要不你们俩一起来？好吧？读一下。

学生朗读

老师：我觉得这段写的其实没什么，没有任何惊天动地的情节。就像我们在前面有同学提出来为什么不喜欢看鲁迅的小说？因为鲁迅小说情节非常平淡。萧红在写鲁迅的这一段她选择的是鲁迅的作息时间。我想让大家非常安静地再看一遍。“当周围都安静下来”也就是我们都安静下来，“鲁迅先生”开始——

学生：“写文章……”

老师：昨天有同学讲啊，其实鲁迅放弃或者暂停文学创作，开始写杂文，实际上他把这种文学创作当作了“匕首和投枪”。“鸡鸣的时候，鲁迅先生还是坐着”，那么许先生醒了，看到鲁迅还是坐着。当人家都起来的时候，鲁迅先生才睡下，睡下以后的鲁迅先生，书桌是整整齐齐的，文章压在书下面。特别是每次读到最后一句话的时候，我觉得世间上所有浮躁的东西都是多余的了，华丽的东西都是多余的了。我非常喜欢这样的描写。因为她把很多的感情，尊敬也好，崇拜也好还有她希望读者理解也好，希望读者去反思也好，全部放在了这些平静的语言里。好，那么我现在请大家带着感情去一起来读一下这一段。

学生朗读

老师：这种很平静的语调去张扬伟大的东西，终于让我们明白一句话：伟大的东西不需要你再去点缀，它已经很华丽啦。可能作者觉得这个时候叙述就是最好的抒情方法。

✍ **点评：**

比较是一切思维的基础，我们正是通过比较来了解世界上的一切的。通过对不同词语表达效果进行比较，找出他们的不同点，从而体会语言运用的精妙。如果把这篇文章和其他回忆鲁迅的文章进行对比，学生对文本语言上的特色才可能有真正的理解。可以找一篇语言风格完全不同的，也可以找一篇风格接近的。其次，你提到了萧红女性的视角，但散文是表达自我的，必须对萧红的言语系统有一个初步了解，才可能真正读懂。当然，这一点在目前单一教学程序下，如果不利用课余时间是比较难完成的。

老师：好，最后呢，我想我不是希望大家通过这节课光记住了这篇文章，而是从这节课开始我们要懂得要走近鲁迅，更要懂得走近的正确途径。我选了 2006 年《人民日报》的一篇文章。李泓冰先生写的《我们需要“鲁迅年”》。我给大家朗读一下希望大家认真听。（学生鼓掌）我希望借此机会让大家真的知道我们身上的一种责任，有一种阅读的责任，有一种走进这些杰出人物的责任。2007 年，带着咱们二附中的 28 个学生完成《走近鲁迅小说》这本集子的时候我最快乐。因为呢，我的学生开始尝试独立思考，这，太可贵。问大家最后一个问题：首先鲁迅是一个什么家？其实这是咱们班长提出的一个问题。（同学们各式各样的回答）

老师：我不希望第一个说鲁迅是个革命家，我希望首先说鲁迅？

学生：文学家。

老师：那么我们对一个文学家而言我们走近他应该先干什么？

学生：看他的作品。

老师： 看他的作品，对吧！要慢慢去看他的作品，只有看了他的作品我们才能真正地去了解这个作家。看了作品以后，你可以形成自己的想法，可以爱他，也可以憎他。这才是我希望看到的学习状态，要在充分掌握资料的时候，大胆独立地形成自己的见解。所以我希望大家呢，不要光是听别人然后去“顶”。（学生大笑）

老师： 好，最后我们接下来布置作业。课外阅读唐弢的《琐忆》，看看两篇写作上有什么区别。好，非常感谢大家，下课。

学生： 老师再见。

点评：

“师者，莘莘学子之一线光亮也。教室之内，我教师之天地也！人欲壅之，吾使其通之，人欲惑之，吾使其明之，人欲抑之，吾使其脱颖之。”这是吾师黄玉峰先生之高论。以其为准绳，来衡量一下这节课，实在惭愧。

其一，教学语言不精练，语言随意，逻辑性差。依然不依不饶地占领着言语权，课堂过程有一个讨论环节，从录像上看，学生很投入，可为什么讨论过后并没有给学生足够的表达时间。这样看来，讨论依然只是走个形式，或者最多“逼”着学生靠近你的设计。

其二，上课距离现在已近三年，已经找不到当时的教学设计。单从实录可以看出，这节课你的设计思路是：“我认识的鲁迅——萧红笔下的鲁迅——阅读文章后我再看鲁迅”，思路很清晰。在这条线路上，《回忆鲁迅先生》只是一个重新认识鲁迅的推手，那么，这个教学目标的设定是否符合这篇文章放在高一第二学期的学段目标呢？因为之前单元主题是“平民生活”，本单元主题是“杰出人物”，你在尝试让学生不要盲从仰视杰出人物，要敢于形成自己的思考，这一点是符合单元意图的，但是，在整个教学过程中，这种批判意识灌输不够，有些可惜。当然，也不可以脱离文本，一味把课堂变成思维训练场，毕竟是在学习一篇散文。

其三，文本个性在这节课被主要关注，这是散文教学的必需。但对文本共性似乎一点都没有涉及，这毕竟是在高一，这样处理是否符合学生的学情？单独从这一节课来看，没有过多涉及作者，如果学生提前预习了，对萧红有了一定了解，课堂可以带过，但如果没有积累，还是要设计这一环节的，尤其是散文，它很大程度上就是一个人的“独白”。

其四，希望这节课后，无论是对鲁迅，还是对杰出人物，都不要止于几篇文章，要扩大阅读面。在这个学生自主阅读环境差的情况下，尤其要抓住好的文本，逼迫，或者引导学生课外阅读，因为，没有足够的积累，形成自己的见解，只是一句空话。

11 面对不喜欢“婉约派”的学生

【前言】

在教研组活动时，一位年轻老师说他的物理班学生非常不喜欢学古典诗歌，尤其是宋词，要讲《宋词四首》，他感觉很头疼，于是我主动提出去他们班级上一次课。结果，还不错，我把课堂整理了出来，也在教研组进行了“说课”。

【案例】

教学实录:《宋词四首 · 声声慢》

老师: 上课!

学生: 起立!

老师: 同学们好!

学生: 老师好!

老师: 请坐!

老师: 今天早上我收到了许多同学送来的这个条子，在回答查阅李清照资料时留下最深刻印象的是什么，我摘录了其中的几条来读一下，第一，说李清照有两次婚姻，“第二次的被骗让我心里很痛”，我特别把痛苦的痛加了点；第二，李清照的才情，对爱情的忠诚，丈夫死后仍然完成丈夫的《金石录》，这个确实是很大的贡献，金石就是考古，赵明诚在世的时候一直致力于此，李清照在特别困难的时候帮助丈夫完成了，她写下了千古奇文《金石录后序》，备述一生遭际和文物聚散，让人扼腕叹息。第三，她的一生非同寻常。第四就在屏幕上我不读了。第五世事多变。第六悲惨。第七虽然在南渡以后她脚下的这块土地给了她这么多无告的陌生，那么多绝望的心酸，但她却无意怨恨它，反而用温热的手掌抚摸着它。这同学叫顾燕霞，哪一位啊？起立。来给她点掌声。

学生集体鼓掌

老师：写得非常好啊。来请坐。第八个呢，在古代崇尚女子无才便是德。但李清照却丢弃了这种悖论，毅然决然地选择了她的文学道路可谓不易。这写得很好，可我实在猜不出来这作者的名字，叫什么继辉。

学生：缪。

老师：哦，叫缪继辉啊，哪位啊？来起立，来给他点掌声。

学生集体鼓掌

老师：确实在女子无才便是德的封建社会，要从事一条文学道路，会充满很多荆棘的。第九，虽然后来的遭遇悲惨，但至少她活出了自己，这个代号叫 34 的，谁是咱们班的三十四号，来，起立！

学生全体鼓掌

老师：确实我们在这个社会活出自己不容易，那么我手里这本书呢，叫《人间词话》，学宋词一定会选修读这本书，它的作者是我们近代一个最大的，被称为什么，国学大师的谁啊，王国维先生，王国维先生的一生也很有传奇色彩，后来投湖自尽。但是呢我多次翻阅这本书，我发现一个问题，他讲了那么多词人，唯独没有提到谁啊，李清照，我一直在想为什么呢，为什么王国维在这本书里面，特别是他在讲到婉约派的时候必须提李清照，但是他都跳过她，没有提。大家猜一下因为什么。

学生：她是女的。

老师：因为她什么啊，她是女的，性别歧视有道理吗，有没有可能是其他的原因？有的，有各种说法，但是我挺同意他的看法的，隐隐约约觉得有这个原因。

学生：因为她是女性。

老师：王国维其实代表着思想的先进性和观念的保守性，这个人很复杂的，那个时候大家都剪发了他还留着根大长辫子，而且他还坚持一个理论，婚姻可以是多妻制的。所以他的思想其实是在先进和保守之间徘徊，他没有提到李清照这个人，我想请同学们好好考虑一下，连王国维都没有提到李清照，是不是说明李清照在文学史上没有地位呢？看我们汤慧燕的这段话，汤慧燕，来，起立给我们读一下。

学生：“李清照的执着是含笑的，她执着地在古诗词中奔跑，在词中绽放她的光彩。”

老师：非常好，因为李清照她确实很苦，到最后苦到我们都无以言传的时候，但她有词呀，她有文学呀，所以我们今天打开书，我们要学的，《声声慢》，我觉得大家要先做到这三点：第一，要会读，而且要会读什么呢，把字音要发准，而且要读得通顺，要读出节奏来；第二，要走进李清照的生活；第三，要读出作者的情感起伏，好，我们来看这几个读音，来，跟我一起读，来试一试。

师生（齐读）：寻觅清凄戚将息急积

老师：大家发现，我们在发这几个音的时候，我们的牙齿是有点咬牙，什么，咬牙切齿，这在我们中国的古音里面叫齐齿音，好，接着第二组。

师生（齐读）：点滴第得

老师：好，用舌尖在齿背发音，叫什么音啊，舌头音，大家从现在开始记住，这两类读音，它一般都比较低沉，读的时候能不能轻读啊，比如说我这样读，寻寻，觅觅，不行，一定要这样读寻寻，觅觅，把它发重音，第二个来看下下面的那一组，“寻寻觅觅”，开始——

学生（集体朗读）：“寻寻觅觅……”

老师：这在我们中国汉语里面叫叠词，叠词读起来非常富有节奏感，而且韵味悠长，所以我们在读《声声慢》的时候，首先要把这几个词读准，读完整。好了，我们请一位同学先来朗读，大家推荐一位，来，谁来，周什么？

学生：周敏浩。

老师：掌声有请，哪位？

学生集体鼓掌

学生有感情地朗读

老师：他非常棒的，我以为他要给我们背诵一下的。

学生朗诵

老师：怎么样？

学生集体鼓掌

老师：但有个字的发音不准确，“如今有”，下面那个字怎么读啊？

学生：谁。

老师：谁？不对，古音里面读水。如今有谁堪摘。好，还有第二个问题我想和大家交流一下。有一句断句有两个版本，有一个版本是“守着窗儿独自，怎生得黑”，第一个版本。第二个版本是我们教材中的“守着窗儿，独自怎生得黑”。我想让同学们自己读一读，感觉你更喜欢哪个版本，哪个版本更符合要表达的情感。来，试一下。第一个一起来，开始。

学生集体朗读

老师：第二个版本。

学生集体朗读

老师：至于你喜欢哪个版本，可以有不同的，你问老师喜欢哪个？我也喜欢第二种版本。这个是，给大家一个小小的补充。好啦，我想请大家注意这首词里面有哪些意象，什么叫意象啊，诗总是有物有情的对不对，诗里出现的物就叫什么，就叫意象，那么诗人会不会随随便便写一些物啊，这些物里都含有诗人什么，是人的情感，好了，所谓的意象就是被作者赋予主观感情的事物。

屏幕显示“意向就是被作者赋予主观感情的事物”

老师：那么请大家找一下，快速，这首词有哪些意象，有哪些呢，来，拿红笔，拿笔划出来，我看看对吗，哦，非常好，划出来，意象，嗯，对，非常好，还有，按照顺序来啊，嗯，这个是，对，非常好，继续往下，好吧，我们就按顺序好吧，从这位同学开始，你说一个，你来。

学生回答

老师：淡酒，非常好，你来。

学生回答

老师：大雁的雁，很好，第三个。

学生回答

老师：黄花，很好，第四个。

学生回答

老师：哪位，梧桐，很好，还有哇。

学生回答

老师：啊，非常棒，细雨，还少一点哇，前面他把一个什么丢掉啦？

学生回答

老师：窗，很好，守着窗儿，是哇，前面还有一个想一想。

学生回答

老师：哎，对，风，这是非常重要的一个意象。好，我们来慢慢解读这几个意向，淡酒、风，（屏幕显示）第一个看酒，酒跟古代文人是近还是远呢？

学生：（异口同声）近。

老师：李白的这句诗大家都知道：“借酒消愁愁更愁，抽刀断水水更流。”

文人知道这个道理，但文人始终喜欢喝酒，学生经常问为什么，其实非常简单，因为喝了酒才敢说真话，壮胆对吧？因为不喝酒说真话要干什么的？

学生：（异口同声）杀头，贬官。

老师：看似非常简单，但其实酒与文人是一种很微妙的文化关系，你们有兴趣可以去研究。那么我们来看，她说“三杯两盏淡酒，怎敌他晚来风急”（屏幕显示），这个酒怎么喝在李清照的嘴里变成什么酒了？

学生：（异口同声）淡酒。

老师：这个“淡”难道仅仅指这个酒的种类么？（屏幕显示：如何理解酒淡）说是我们苏州人喜欢喝的那个淡淡的糯米酒的淡酒，非也。为什么在李清照的感觉里面这个酒的味道是很淡的呢？大家想想，有想法可以直接站起来好吧。你觉得是这个酒淡了还是什么呢？这个穿白衣服的男生你来。

学生：心情很惆怅。

老师：她感觉心情很惆怅，所以她感觉什么？

学生：没有心情喝酒了。

老师：哦没有心情喝酒了，或者说我们反过来这么说行吧，就是酒的味已经压不住她心中的什么啦（学生集体附和：愁绪了）有道理哇？所以这个酒是谈的，咱们读这个音的时候注意所有的情感。下面我们来看第二个意象，（学生集体说：风）大概这个词写的什么季节啊？

学生：秋天。

老师：哪里看出来的？

学生窃窃私语

老师：“乍暖还寒”，有的版本把这个字念悬，乍暖悬寒，也有道理的。就是突然冷了但是呢突然又热了。秋天的末尾，比咱们现在再往前推点。那么秋风我们想想哦，在中国古诗里面我们来读读这两句诗（屏幕显示：“夜阑卧听风吹雨，铁马冰河入梦来”“风急天高猿啸哀，渚清沙白鸟飞回”）我想大家都熟悉陆游的诗。

学生集体朗读陆游的诗

老师： 好，这是陆游的《十一月四日风雨大作》，再来看杜甫的《登高》：“风急天高猿啸哀，渚清沙白鸟飞回”在这两句诗里面有没有风啊？

学生（集体回答）：有。

老师： 有风吧？

学生（集体回答）：有风。

老师： 风吹着雨呀对不对，风急天高猿啸哀。风急天高啊像猿嘶鸣一样，有风。你发现在这两句诗里面风其实助长了一种什么心境什么气氛呀？陆游诗里面的风仅仅指的自然界的风吗？（学生插话：不是）不是，暗示他生活的时代的什么，变革。如果大家了解陆游知道，所以呢风往往在诗歌里面渲染的气氛越来越浓，而且，这又是什么季节的风？

老师（转头板书）：咱们一定要注意这是一场春风还是秋风？

学生： 秋风。

老师边写边问： 这个秋字怎么写呀？秋是这样写的吧，说道秋我们马上想到一个什么字啊（老师在秋下写了个心）愁。有人讲：何为愁也，一个人的心到了秋天，所以大家记住如果我在风前加了一个秋字往往渲染了什么情啊？

学生： 愁情。

老师： 大家要慢慢学会积累啊，慢慢积累，你的感觉就会出来。那么下面来看这个“雁”，词里怎么说这个雁的呀？（屏幕显示：过雁象征着什么）

学生集体朗诵

老师： 这个雁那让我很伤心，没有想到的是这个雁又是我原来见过的，这里我们留个悬念：在哪里见过？我想问问在生活中或者在文学作品中有没有描写这个雁的？雁一般象征着什么呢？来你来。

学生：鸿雁传书。

老师：雁，传递书信的。书信为什么要传递，因为和她相爱相恋的人是在一起还是在异地啊？

学生（集体回答）：异地。

老师：对了，所以雁往往象征着相聚还是离别呀？

学生（集体回答）：离别。

老师：对，离别，所以雁是象征着离别，但是又希望相聚，希望这封信传到。所以这个我们也要在心里酝酿一下，接下来，什么花？

学生（集体回答）：黄花。

老师：黄花是什么呀（笑）书上没有解释，是不是我们吃的超市里卖的那种黄花菜啊？非也，古人诗词里的黄花就是我们秋天盛开的什么花？菊花，来试一试头抬起来，我们来背一背我们学过的诗词里有没有写黄花的？

学生：“采菊”

老师：来一起来开始。

老师学生一起背诵

老师：陶渊明的“采菊东篱下，悠然见南山”，小的时候我们还学过一文“菊，花之隐逸者也”，所以这个菊花似乎总是和高贵搭边的，但是在南宋的词里面，菊的味道变了，大家见过盛开的菊花吧？它的花瓣是宽的呢还是窄的呀？

学生：窄的。

老师：这一点让词人抓住了（屏幕显示：莫道不消魂，帘卷西风，人比黄花瘦）李清照另一首词《醉花阴》中写了非常棒的一句诗，莫道不消魂，帘卷西风，人比什么瘦？

学生：黄花瘦。

老师： 那么这个人是一个五尺男儿还是一个瘦女子呀？

学生： 瘦女子。

老师： 肯定很瘦，肯定不像杜老师那么胖。

学生笑

老师： 很瘦弱，也就是说这个黄花是比喻女性的，对吧，所以这个就在文学里形成了一个规矩。

来一起读一下。

学生集体朗读

老师：（屏幕显示：黄花比喻女子憔悴的容颜）好，讲到这我就要提醒大家回到词里，看一下，满地黄花，而且是憔悴损，真的是仅仅落的是满地的黄花么？别忘了这里讲了，黄花往往比喻憔悴的女子。是不是李清照看到地上的黄花想到了谁呀？

学生： 自己。

老师： 对，她自己，好，现在继续往下看，雨呀。我想试试看谁给我背几句雨的诗词？随便，你只要半句想出来我都很感谢，有吗？来，后面那个男生，你来。

学生： 夜阑卧听风吹雨。

老师： 哦很好。

学生： 清明时节雨纷纷。

老师： 哦，清明时节什么？雨纷纷。还有吧？你来。

学生： 随风潜入夜，润物细无声。

老师： 哦，这是从侧面写雨，非常好，雨在中国文学地位很高的。我们诗人很喜欢写雨，你们去绍兴了哇？

学生（集体回答）：没去过。

老师： 还没去过，去之前老师都会讲绍兴的什么最多？

学生： 酒。

老师： 酒，其次呢？雨，绍兴从来都烟雨蒙蒙，而绍兴所有的美都在雨中。为什么呢？我们来看这样两句，刚才有同学已经读到了啊。

学生集体朗读

老师：夜阑卧听风吹雨，铁马冰河入梦来。

学生集体朗读

老师：这个雨啊，它往往在诗人的词里面象征什么呢，我们需要带着想象力去读诗词，要透过文字还原场景，一定要？

学生（集体回答）：带着想象去读。

老师：比如说说李白那首《望庐山瀑布》怎么说的啊，“飞流直下三千尺，疑是银河落九天”。咱们能不能拿尺子去量一下，不能，我们应该跟着李白去想象飞流的状态，所以呢我们想一下诗人诗和词中的雨是不是说明那一天真的下雨了？

学生：不一定。

老师：可能不是，但是说明诗人的哪里下雨啦？心里，所以说雨往往象征的是哪些情绪呢，你说，可能是哪些情绪呢？

学生：忧愁。

老师：哦，忧愁，很好，还有哇，后面同学继续，雨可能象征着什么？

学生：思念。

老师：很好，我这里没有答案，大家放开啊，很好，你来。

学生：伤感。

老师：伤感，很好，后面的还有哇，你说今天我特别快乐，会不会下雨啊，会的是哇，但一定是疾风骤雨，很好，细雨呢，你想想，还代表什么，哦，希望，希望雨绵绵地下来，很好，请坐。所以呢，我们知道，它在词中往往渲染着一种情绪，而这种情绪很浓还是很淡啊？

学生：若有若无。

老师：这个词用得好。我们上海的哪个季节最难熬，黄梅，因为你越不想让它下雨，它下得越起劲，这一下子下完，像昨天的风吹雨，它是没完没了地下，让你一个快乐的人也会变得有点落寞、忧愁，这是雨，很好。往下，我觉得这个大家不熟悉，梧桐，熟悉吧，上海的梧桐，石化的梧桐是十分漂亮的，在文章里是怎么写的，在词里是怎么写的，大家一起读一下，“梧桐更兼细雨”，开始——

学生集体朗读

老师：细雨打在梧桐的身上，敲打在梧桐的身上，恰好这个时候的时间段是一天的什么时候，黄昏，李清照可能站在窗前，听雨打梧桐的声音，她马上冒出来四个字：点点滴滴。我想请同学们考虑，她想到了什么，想到了过去，过去的事，我们来慢慢品味一下，在黄昏，很安静，听见雨打梧桐的声音，李清照听到后，会不会，她这时已经人比黄花瘦了，守着窗儿，她会想到些什么呢，联想双休日找的一些资料，会想到些什么，每个人都行，来，试一试，你来说说我听。

学生回答

老师：她会想起以前和丈夫的恩爱生活是哇，非常好，坐下，你来。

学生回答

老师：头抬起来看着我好么。

学生回答

老师：想起她父母，李清照可是有一个非常优秀的父亲和母亲的啊，在家里很和睦，很好。

学生回答

老师：啊，以前的家乡，因为你知道，现在她在不在家乡，不在，很好，你来。

学生回答

老师：你用了一个很好的词，她现在已经国破家亡了，很好，下一个同学。

学生回答

老师： 想到了她现在的前途，此时她有没有方向啊，没有，你很聪明，接着后面的同学。

学生回答

老师： 他现在一定非常的寂寞，要是会画画的话会画一幅非常棒的画，所以我看了很多同学交上来的条子，很多同学都问，李清照为什么要有第二次婚姻，她为什么会被骗，其实这个问题呢，不光问过李清照，居里夫人，获得两次诺贝尔奖的居里夫人，也曾经被拷问过。因为居里夫人在她丈夫死去后，她也有了第二次爱情，所以世人都在指责你为什么要有第二次爱情呢，所以世人都说李清照你为什么这么容易被那个商人欺骗，大家都知道为什么，我就不讲了，为什么你会那么轻易地相信人呢，我想让同学们想一想，读到这句话有答案了哇。来，我们来一起读一下这句话，"梧桐更兼细雨"，开始——

学生集体朗读

老师： 希望大家脑海里有这个画面，一个那么有才情的人，曾经那么辉煌的一个人，这个时候，陪伴她的只有，雨打梧桐。反过来我们再拓展一下，看看梧桐在中国文学里面的特殊意义，李煜，我们都知道，在《相见欢》里有这样一句："寂寞梧桐深院锁清秋"，在梧桐面前加了一个形容词，什么，寂寞，那么温庭筠的《更漏子》："梧桐树，三更雨，不道离情正苦。一叶叶，一声声，空阶滴到天明。"在这首诗里面更是说了，梧桐就在雨的捶打下显得是那么的哀愁，所以大家记住，这是一个很特殊的意象。

学生齐读

老师： 当大家走到卫零路的那条小道的时候，只要你看到地上有一片梧桐叶子掉下，就知道什么季节到了，秋天，有人往往不明白，说，杜老师啊，为什么一到秋天诗人就特别哀愁呢，秋高气爽啊，咱们不知道他们的生活，因为古代的男儿一到成年就出门求学做官，一般什么季节出发啊，春天，熬过了炎热的夏天，到了秋末，我们知道我们中国的传统节日春节在什么时候，在冬天，到了秋天，人们慢慢思乡之情就渐浓了，所以古代人一般在秋天就特别发愁了，哎，有人说，老师，离家有什么呀，打个电话，古代有电话哇，MSN 打开，没有的，所以古代一旦离家，就有一种生离死别之痛，这个我们要理解，好，这是梧桐。那么我们现在呢，已经看了这几个意象了，让老师试着把这首词读一下，希望能带动大家的情绪，当然可能不尽如人意。

老师范读

老师：我们一起再试一下，好哇？开始——

学生集体读：“声声慢，李清照，寻寻觅觅，冷冷清清，凄凄惨惨戚戚，乍暖还寒时候……”

老师：有人说，李清照的词，那是一字一泪。好，接下来，我想请大家看一下，我们同学提出来的几个问题，（*老师转身，看屏幕*）第一，说女词人苦苦寻找的是什么？第二，词中反映出来的“满纸呜咽”是她的性格造成的吗？这个问题，有三个同学问，是个好问题，是不是李清照天生就这样一个哀哀怨怨的女性，好，我们来看第一个问题，她在寻找什么？在寻找什么呀？在寻找男人？（*听到有学生小声说：男人*）

一部分人笑

老师：我觉得这个词听起来有点别扭，我们换一个词，她在寻找什么？爱情，有没有可能？可能，我觉得可能。她还在寻找什么呢？往日的温馨，但她又知道，往日的温馨已经像黄花一样落在地上，憔悴损，能不能拾捡起来，不能了。可是她还是在寻找，同学们头抬起来，你们问冯老师一个问题，冯老师已经转达给我了，李清照为什么不自杀？我觉得你们问的这个问题非常好，很尖锐，我没有生气，也没有觉得无厘头。李清照为什么不自杀，我们现在的人不是动辄就自杀吗？李清照这么苦，她没有自杀，没有选择自杀，她还活着呢，那么，而且她一直在寻觅，她寻觅什么？

学生：希望。

老师：希望。

学生：幸福。

老师：幸福。

学生：信仰。

老师：还有说信仰，其实我们这样说，她在寻找一个活下去的什么？

学生：（集体）理由。

老师：对了理由，理由，我们一定要理解，现实生活也许是可悲的，我们一定要记住这两个字在中国汉字里是有区别的，活着，生活（老师用粉笔写道），一个是活着另外一个是什么，生活，活着好像只维持着我们动物的本能，但生活除了吃喝，还要情感，还要有精神追求，李清照就是一直在寻找活下去的精神支柱。第二个问题，李清照天生就是这样郁闷的人吗？

学生：不是。

老师：你同意吗？

学生：不同意。

老师：那你说说理由，我听听。

学生：她的经历造成她的性格。

老师：那你说说你从哪里知道，她以前是快乐的？

学生：从网上查出来的。

老师：事情已经过去很长时间了，你是怎么知道的？哦，从网上查的，实际上资料是靠什么延续下来的呀？文字，咱们回忆一下，我们原来初中，小学读到过的她的一些词，想想有没有读到过特快乐的词？想想。

学生窃窃私语

老师：初中学过一首她和别人一起喝酒的词，《如梦令》，来一起试试。

学生集体背诵

老师：《如梦令》常记溪亭日暮……那时候李清照快乐哇？呀，快乐得不得了！那李清照为什么不快乐了呢？来看李清照另外的一首词，《一剪梅》。（屏幕显示）

学生一起朗读《一剪梅》

老师：有印象吗？这里面提到一个什么意象，雁！而且也提到了愁，“一种相思，二处闲愁”，知道这首词写什么吗？

学生：爱情。

老师：新婚，李清照刚和赵明诚结婚，结婚以后男子不能总守着娇妻，必须外出去求官、做学问，于是两个人分居两地，那么，你在读这首词的时候，你感觉这是一种什么样的愁？就像读《声声慢》时那样沉重吗？我觉得不是，这好像有一种很甜蜜的愁，还有点什么呢，你读这首词时候感觉有一点点小小的空虚，有点莫名其妙的羞涩、忧愁，实际上我们所说的这就叫闲愁，虽并非“为赋新词强说愁”，但是新婚了，离别了，有点思念，一种奢侈的忧伤。而《声声慢》不是，声声慢一定不是，我们再来一起把《声声慢》下阕朗读一遍。

学生齐声朗读

老师：到底是什么，把原本那么快乐和朋友一起喝着酒，游山玩水的一个女子，一个思念丈夫而很羞涩，看着天上的大雁想给丈夫写封信，这样一个羞涩的少妇推成现在这样，仅仅是岁月吗？人老了，真的一定这样凄苦深沉吗？你们这个年龄我最羡慕什么？可以无忧无虑，这是不是说明人老了忧伤满腹，非也！不是，人生如四季，是什么呢？仅仅是年龄吗？不是，从内在找不到缘由外在找，老师呢，很幼稚地做了一张对比表，我们来看一下，（看屏幕）我想问一个问题，封建社会的婚姻是什么样的婚姻？

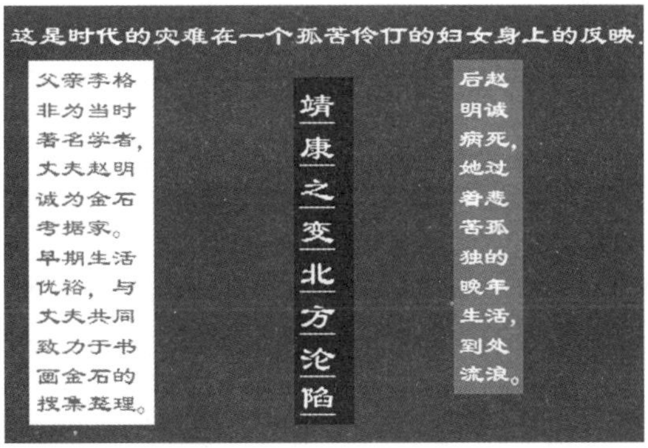

学生：包办。

老师：包办婚姻，在包办的情况下能遇到自己的如意郎君，是一件幸福的事情，所以李清照生活在这样的境况下，然而，靖康之变，北方沦陷，统治者逃到了浙江的临安，建立了南宋。结果，李清照和丈夫匆匆带着文物上了船，一车的金石全部丢失，后来赵明诚也死在途中，她什么都没有了，她拥有的和睦的家庭有了哇？

学生：没有。

老师：爱情呢？

学生：没有。

老师：没有了，那爱情没有了，家庭没有了，如果我那个大家还在，还好，国家还很好，我可以排除忧虑，国家怎么样了？国破家亡。后来我一直在想，后期的李清照是灰色的。（看屏幕）

学生齐声朗读

老师：有个著名的中国文学家这样说过，这是时代的灾难，在一个孤苦伶仃的妇女身上的反应，大家认同吗？

学生：认同。

老师：说得非常好，这首词最直接抒情是这样的一句话，（看屏幕）“这次第，怎一个愁字了得？”，有一个法国诗人克洛岱非常喜欢李清照的《声声慢》，到了痴迷的地步，他把它改编成一首现代诗，推荐一个同学来读一下。

学生来到讲台旁朗读

老师：看法国人是怎样理解李清照的。（看屏幕）

师、生齐鼓掌

老师：“呼唤！呼唤！/乞求！乞求！/等待！等待！/梦！梦！梦！/哭！哭！哭！/痛苦！痛苦！我的心充满痛苦！/仍然！仍然！/永远！永远！永远！/心！心！/存在！存在！/死！死！死！死！”我觉得一个法国人，理解到这个地步，觉得很敬佩，但是我一直觉得把死和存在倒过来一下，因为李清照没有抛弃生的希望，因为在她心中还有文学，所以我认为应把“死死”放在存在前面，朗读一下！

学生齐声朗读

老师：老师为什么这样改一下呢，我想问一下大家，李清照是幸运的还是不幸的？

学生：不幸的。

老师：我们一般在读李清照的《声声慢》《武陵春》的时候，都觉得她是不幸的，因为她遇到了北宋到南宋激烈动荡时代，但是我反过来想想，李清照也是幸运的。李清照该有的都没有了，但是她拥有一样东西，这种东西成为她的千古知音，也因为她拥有的这样东西，让我们都记得了她。

学生窃窃私语

老师：大声说出来，什么？

学生：词。

老师：词，或者说广泛点是文学，想想有道理吧，因为文章憎命达，往往文人在坎坷的时候，展示出的文学魅力才是最大的，有时候我觉得想想如果没有文学，李清照就是芸芸众生中的一个人，我们都要死去，但是她让我们记住了。德国哲学家尼采说过，世界上所有文学作品，我只爱用血写下的。（屏幕显示）现在跟杜老师一起把头抬起来，一起慢一点，想象着李清照站在窗边“人比黄花瘦”，再诵读这首词。

师生齐声诵读《声声慢》(学生的情绪完全调动起来了)

老师： 所以说，只要用心，词一定会带给你审美的享受，生命的思索。现在我布置两个任务。(屏幕显示)作业：宋词根据写作风格可以分为豪放派和婉约派，希望大家课外选读几首苏轼和辛弃疾的词，与李清照的“婉约”作比较，感受宋词的不同魅力。希望大家喜欢宋词，吟诵诗词，它会带给你意想不到的快乐。最后我送大家我很喜欢的一句话：人诗意地栖居在大地上。希望大家知道人应该诗意地栖居在大地上。今天的课就上到这儿，下课。同学们再见！

学生： 全体起立，老师再见！

《宋词四首·声声慢》说课

一、说教材

(一)教学设想

《声声慢》是上海高中语文教材第三册第六单元中的一篇，是学生在高中阶段第一次接触古典诗词。那么，古典诗词教什么，怎么教，是需要首先解决的问题。李清照在举家南迁，在国家破碎，失去丈夫，自己又年迈体弱，心境凄凉的情况下，写下了这首脍炙人口的《声声慢》。这首词，用尽了她的情感，融入了她的心血，竭尽了她的才智，是那么的如泣如诉。怎样引导学生把握这首词的内容和情感呢？本节课拟通过诵读指导和引导学生分析意象使学生基本把握这首词的主旨。

(二)教学过程

➤ **环节一：**

1. 展示一个学生写的一句话：李清照的人生是含笑的，她执着地在古诗词中奔跑，在词中绽放自己的光彩。(汤慧燕)

2. 提出一个比较有争议的问题“王国维的《人间词话》为什么只字未提李清照”，诱发学生对作者的浓厚兴趣，课结束了，我感觉这样的导入效果非常好。

➤ 环节二：明确学习目的

我认为要提高课堂效率，一定要让学生明白这节课我们要做什么，为什么做。

➤ 环节三：朗读

根据“学习目标”，从“读词”“读词人”“读情感”三个方面反复朗读，逐渐渗透朗读技巧的指导，作者身世的揭示，通过教师、学生的反复朗读，读出词的思想、情感，走近作者，产生共鸣。我认为朗读是诗歌教学最好的方式，一定要不吝啬时间地去读。我个人有一定的朗读能力，所以，老师的范读我认为非常必要。

➤ 环节四：在朗读中穿插赏析

1. 这首词里几个特殊的语音，例如切齿音的情感表达，叠词的连续使用，当讲到“黄花”比作女子，是李清照的首创，学生来兴趣了。有同学提出，下课后要去考证，这样一来，大家愿意出声读了，气氛有了。

2. 作者选取了哪些意象来表现她心中的悲愁？这些意象是如何来体现作者情感的？（我在这个环节中，补充其他资料，特别是用学生最近学过的诗词来加深学生对这些意象的理解。）

3. 展示学生预习提出的两个比较典型的问题：

女词人她在苦苦地寻找什么？词中反映出来的“满纸呜咽”是她的性格造成的吗？

然后自然转入对作者身世的解读。我认为学生能提出问题说明他们已经对词有了兴趣，展示学生的问题是对他们的尊重，更是激发学习兴趣的最好的切入点。我在展示时，经过那位同学的同意，把她的名字打在课件上。我始终觉得，学生上课不愿意参与，常常因为所讲授内容似乎与自己无关，看到老师课件上展示的是自己提出的问题，状态一下子不一样了。学生毕竟还是孩子，小小的手段，可以换来很大的改变，何乐而不为？

➤ 环节五：比较阅读：李清照前后期作品的不同。使学生明白时代对于个人命运的重大影响。

➤ 环节六：朗读

➤ 环节七：范例迁移式的作业

二、说教法

我认为默读、朗读、诵读、永远是语文学习的最基本方法，阅读教学一定要重视感受，体验、咀嚼、涵咏的过程。所以，我在这节课里，应用最多的就是朗读，记得鲁迅先生说过："中国文字有三美，意美以感心，一也；音美以感耳，二也；形美以感目，三也。"依托朗读，逐渐带着学生走近李清照，走进《声声慢》，去感受作者用词的形式表达的无限悲苦。上课结束时，看到学生们专注的神情，我庆幸这节课的教学方式选对了。

三、说学情

今天，是我充分了解学情前提下的一次挑战。这是个理科班，多数学生把语文当作副科，更直接表示最怕读诗背诗。怎么办？放下身段，一点点"拨"，即使显得有些啰唆，矫情，边夸奖边带动，在下课前 10 分钟，情绪终于调动起来了，真不容易。

授课前我设计了"自学单"请他们提出问题，提出建议，收上来后，我做了梳理，展现在课件中，把学生的名字放大。我始终认为，课堂的开始应该以学生的已有理解状态为起点。我又利用自习课 10 分钟和他们交谈，主要是想看看学生对宋词的了解程度。因为他们已经进入《宋词四首》的学习，也完成了柳永《雨霖铃》的学习。应该对这种表现力很强的文体产生兴趣。但许多同学却说"不喜欢"因为太长，背起来烦；有个学生感觉词老是无病呻吟。了解了这些情况，我明白：许多学生根本没有走进诗词中，因为他们没有体验。所以，更坚定了我"以读带赏"的教学方式。

这节课并不热闹，很安静，但学生的情感在变化，从没精打采到聚精会神，他们通过语言开始了体验，在涵泳，这是我个人最满意的一点。

四、反思

（一）诵读环节，为什么不用现成的《声声慢》诵读的资料，也就是为什么要自己读。我找到了张筠英老师的朗诵，水平很高，但我还是选择了自己朗诵。因为我觉得老师的声音学生更容易接受，通过欣赏老师的现场朗诵，学生更容易捕捉到诗歌表达的情感，更容易通过感受老师语调的高低，语速的快慢、停顿和重音的处理来领悟诗歌表达的感情，进而学习诗歌诵读的技巧。而且，老师诵读，学生跟读的环节营造了一个良好的氛围，把学生带入了诗歌表现的艺术境界，使学生沉浸其中。再好的表演都不如参与学习者自己去演绎。

（二）如何把现在的学生拉到李清照生活的时代？如何拉？生硬的背景介绍恐怕很难有效果。很巧，在上课的早晨我收到了学生自学的“问题条”（这是我最常用的方式），其中一个问题引起了我的关注，学生问“整个词太沉闷，压抑了，这是否就是作者的个性？”我决定把这个问题引入教学环节，通过比较阅读，让大家感受同样是写“愁”，前期诗词中的闲愁与后期国破家亡的深愁的不同，自然引入对写作背景的介绍。很好地处理了预设与生成的关系，使这节课由浅入深，重点突出。

（三）如何引发学生对授课内容的兴趣。我记得一本书上写到文学中的意义空白与意义未定处，是促使学生思考的关键。所以，我先让学生自己查阅李清照的资料，写出对自己触动最大的一点。作业交上来，我整理出了比较有代表性的九点，把它们穿插进教学中，虽然这样做打乱了我的预设，但我认为只有自己提出的问题，才能诱发思考的欲望，课堂才能把学生聚合起来。

（四）多媒体的使用：语文课堂是否需要使用多媒体，一直是个有争议的问题。但我认为，只要对教学真正有用，能增加课堂的容量就应该用。但课件一定不能是预设好的答案，也不要用画面的呈现去阻碍学生的想象力。所以我灵活运用了多媒体，展示教学目标、背景材料、拓展知识，以及学生和老师提出的问题。挪出大量时间去朗读。而且，我的课件背景颜色选用紫色，我个人认为紫色非常符合李清照的悲情。

下课铃声响的那一刻，遗憾已经产生。而这又恰好是教学的一大魅力。其实，我非常想在课堂上吟唱《声声慢》，我常常在自己的书房大声吟唱，但，今天在一个陌生的班级，我还是顾忌太多，没有真正放开，自己感觉很遗憾。好在，以后还有机会。

12 必须发生的故事

【引言】

“谁在信息化系统中落伍，谁就会被淘汰”，这是刘延东女士2012年9月1日，在全国教育信息化工作电视会议上的讲话。

而这句话真正打动我，是在接触“翻转课堂”，接触“可汗学院”之后。作为一名在教学第一线工作的教师，对教育的理解更多的内化在教学行为上，而教学行为的改变其实很难。因为一个所谓的成熟教师，其自身的发展过程本身就是漫长的，要让他在可以得心应手教学的时候，再去改变真的很难。作为一个教龄26年的教师，我亲历了信息技术对教学的改变，也算比较新潮地站在前沿，在2002年就曾经在上海市信息技术与教学整合的研讨会上进行过教学展示，也曾经因为带领学生开设“主题论坛”拓宽学习渠道而小有名气。近几年，网络正在彻底地、迅速地改变着我们的生活，我们的思维，甚至我们的道德观念。但几时开始，我们开始把网络视为洪水猛兽，成为阻碍教育的负面因素，我们虽然也用着微信，上着QQ，但，对信息化的关注有些停滞了。

今年，当我首次接触“MOOC”，这个概念，这个概念中的既成事实，深深地震撼了我。那些“可汗视频”，看完后，一个尖锐的问题刺激着自己：在这种环境下，我，我们教师还能做什么？比尔·盖茨对可汗说“你预见了教育的未来”，这句话对我们有什么意义？

这才让我又一次想起了刘延东的那句话，我问自己：你愿意被淘汰吗？

【案例】

每个人的经历都可以是神奇的。三年前，我被金山区教育局命名为区“明天的工程”语文学科首席教师，同时成为12个人的“中学语文工作坊”主持人，这是荣誉，也是又一次的挑战，我一直问自己一个问题：你凭什么成为“明天”的导师？“明天是什么”成为我心中急需找到答案的命题。我的“书声琅琅工作坊”由3名导师、9名区骨干教师组成：

成员分布在10所学校，分布在金山的角角落落。这是一个非常有实力，也非常上进的集体。我们第一次开会，就制订了系统的发展目标，希望这个集体，每个人都有所作为。我们的目标是“通过三年时间，形成一个有特色、基本功扎实、有教育理想、有教育追求的团队。通过‘工作坊’的形式，利用区名师网络平台，利用成员所在学校的资源，聚集成员智慧，并且适当辐射，在学校，区层面产生影响，力争产生更大范围的影响”。我们的研究课题是：“诗歌教学对公民素养培育的推进研究”，我们确定了“教学观察”为我们研究的方式。对这些，大家都信心满满。第一次，上课地址是罗星中学，大家赶过去，最长时间一小时，听课，讨论，再赶回去又是一个小时，就这样，一个很简单的问题摆在我们面前：如何让我们的工作坊活动更高效呢？苦思冥想，这时“即时通”这个新名词跳入了我的视线。

“即时通”进入我们的工作坊很迅速，但实话实说，开始，我们以为只是一种远程上课、评课，结束的是空间上的奔波，但实践下来，不仅仅如此。

“金山区即时通支持下的网上带教，颠覆了传统的‘师徒带教’模式，打破了时空限制，省时省力，互动性强，便捷高效，过程再现，亮点纷呈。”这是在我们实践尝到甜头之后，一个学员真实的感受。

回顾这半年的尝试，感觉有以下几个变化，权且称之为“亮点”：

亮点一：带教老师利用网络平台预先安排主题活动内容、流程及人员分工，节约了时间。2013年春季，我们工作坊以“诗歌教学内容的确定和学习有效策略的指导”为主题对12位学员进行带教，通过网络平台，仅仅20分钟的时间就安排好了前期准备工作：

1. 确定上课人员：罗星中学　李天娇

2. 确定执教篇目：《木兰诗》

3. 集体备课：由杜虹、李天娇、叶华、王喜歌具体负责，并做好备课过程的记录，形成书面稿。

亮点二：利用信息化手段集体观摩课，不再集合于同一间教室，学员在各自工作地点，甚至在家里，便可进行说课、磨课，观摩高清授课实况。

由杜虹、叶华、王喜哥、李天娇组成的第一小组首先进行了网上磨课，师徒就《木兰诗》教学内容的确定，教学目标的设置，教学重点难点的把握以及教学各环节的设计进行了研讨。3 月 20 日，带教老师和全体学员在各自学校进行了网上观课，并由戴绚、江瑛、李长刚、陈春花组成的第二小组对上课学生进行问卷调查。3 月 26 日，全体学员又在各自学校进行了网上评课。评课由王连英、郭光辉、陈卫兵和吴昌琼组成的第三小组负责。先由上课教师进行说课：李老师先陈述了自己将分析木兰形象作为教学重点和将“感受中国古代民歌朴实自然、朗朗上口的语言特点”作为教学难点的缘由，并反思了自己在课堂上的点滴不足。接着大家就“导入”“合理提问”“结束环节”展开评论，提出自己的见解。最后第二小组汇报了学生问卷调查情况，解读并分析了问卷上所呈现的问题，引起大家进一步思考。

亮点三：网上互动交流，碰撞智慧火花，全新的带教方式，让学员耳目一新，又大大提升了带教的功效，促进了学员的快速发展。

以下是几位老师的感受：

廊下中学陈卫兵老师：师徒带教的远程教研今天是实时体验，感觉很新鲜，收获也很多。以前的教研活动囿于时空的局限，参与教研的实效仅仅停留在教的层面，研的层面涉及不多，或者不够深入。

此次《木兰诗》的远程教研活动，我备课、磨课，课堂观察、评价，到课后的问卷调查、反馈都能克服时空的局限全程参与，这样的教研模式不仅对参与者是一个全新的体验，对执教的教师是一次全方位的提高。所有参与的教师，不仅能有新的教研体验，而且对一堂课的全程监控有一个完整的认知，教师针对课堂的反馈（问卷调查）能反思自己的课堂教学，以期今后改进自己的教学。而且这样的全程教研活动都能录制下来，以供今后的交流学习，这是一个案例，可供学习提高的案例。相信这样的远程教研的方式，可以极大地突破时空的局限，让教师有更多的时间静下心来沉浸于“研”的环节，发现课堂教学中的一些细节，让教与学的有效性得到最大程度的发挥。

罗星中学叶华老师：本次活动给我最大的感受是：方便快捷高效。这是一个比拼效率的社会，利用新的互联网技术，提高沟通协作效率，实现工作效率的大幅度提升，是时代的需求。本次视频会议我们几个骨干教师就李天娇老师执教的《木兰诗》进行远程评课研讨活动。大家直接在网上交流，画面优质，声音清晰，足不出户，随时沟通，节省成本，节约时间，避免了舟车劳顿。从活动的效果来看，大家资源共享，各抒己见，由于不是亲身的面对面，我们在提出一些不同的意见和看法时，也显得更加自由，更加自然。研讨氛围较浓，效果较好。

吕巷中学吴昌琼老师：1. 便捷：以往参与教研活动，如果路远的话，可能需要坐一两个小时的车，不仅舟车劳顿，还浪费大量的时间，影响了学校的正常工作，此种方式可以坐在办公室进行教研，便利之处显而易见。2. 直观：以往的评课，评到课堂的具体某一环节时，其他老师印象都不深刻。此种形式，可以把录像点播到相应的位置，鲜活再现当时的场景，激活参与老师的听课印象。于是，便可以对评课老师的意见表达自己的看法，或认同或辩驳。3. 详细：对上课老师而言，整个磨课、评课、反馈过程全程录制下来，给上课老师提供了非常详尽的素材，这种条件下的反思可以更加全面，更加深入，对自己的成长更有帮助。4. 将整个活动的录像置于网络环境下，便于更多的老师分享活动的成果。

回顾我们 12 个人在这种信息化远程带教中的点点滴滴，的确有许多值得反思之处。

教师是一个特殊的群体，无形中，讲台“高高在上”也逐渐把我们捧高了，“你怎么这么笨，怎么教都不会”，这是我们常常对学生说的，可如果我们和学生同时处于“学习”的状态呢？会怎么样？区信息中心，为了帮助我们“蜕变”，多次给我们12个人辅导，前前后后几次，但那些简单的按钮，在我眼里使用起来真的很困难。好在，我们愿意学，为了熟练使用视频会议系统，我们像着魔一样操作着，第一次在视频会议上交流，大家都非常紧张，感觉像演戏一样忐忑，按下录播按钮之后，一切是僵硬的，叶华老师看到自己的“形象”很不满意，不断反思，感觉还是对技术不熟练，又主动向信息中心老师求教，晚上，大家一呼即应，反复熟悉这些“按钮”，渐渐的，当你不再意识到技术是障碍的时候，技术才真正为我们所用。我们在5月份上海信息化教育博览会上，代表金山区在线展示我们的远程带教，我们熟练地在线讨论“初中作文发展困惑”，利用音频、视频、文档，展示着我们的研究成果，当会议现场显示有很多参观者对我们讨论的话题很感兴趣时，我们终于体会到信息技术让教育更开放，使教育具有了社会性。看到参观者用手机拍下我们的文档时，当现场有参观者和我们在线交流时，技术已经让更多的人融合在一起了。

“即时通”研发的各种功能，提供了教学研究最好的方法“切片研究”，在观摩了李天骄执教的《木兰辞》后，我们把画面定格到学生的“表情”，跟踪整个课堂学生的言语、肢体表现，再结合课后的学生调查，访谈，非常直观地显现了课堂的质量，执教老师也发现了许多在调动学生主动学习方面的不足。

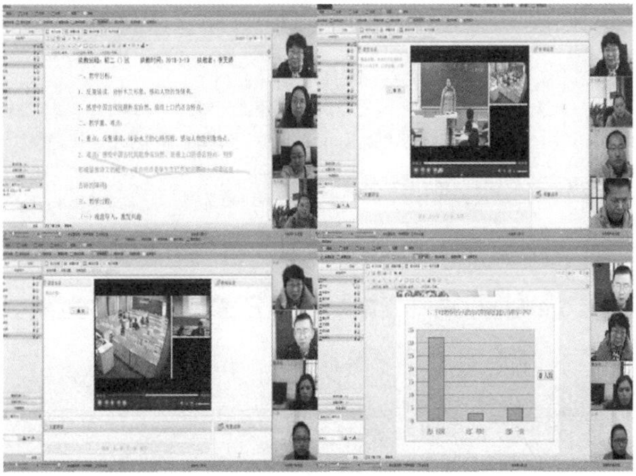

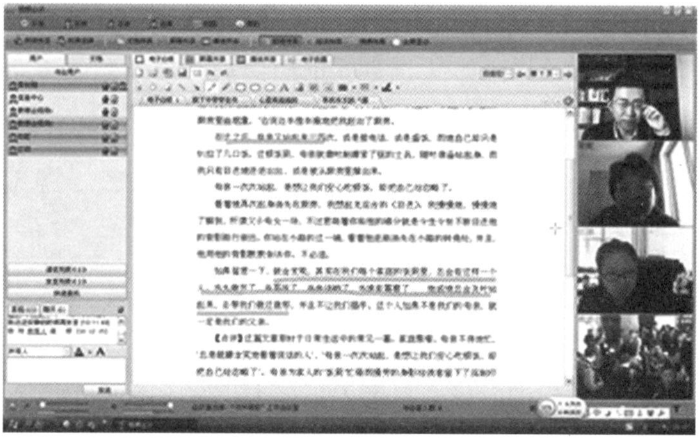

图表中的那些调查，再配合上课堂回放，对教学设计中预设与生成就有了更加理性的分析。如果没有信息化的技术，我们在评课中往往凭借听课老师的回忆，介入了大量主观的东西，这常常显得不够科学。最近，我们又把李天骄执教的《木兰辞》和吴昌琼执教的《江城子》放在一起，从“预设与生成”“课堂导入”“学生情绪的调动”几方面进行了“切片”研究，在对比中发现问题。

现在，我们“书声琅琅工作坊”在金山教育上有了自己的田园，打开即时通，在我们的群里，文件柜中有大量我们共享的资源，视频上有我们不断上传的课堂录像，这些，都可以反复“回放”，成为个人研究，集体研讨重要的一手资料。这些资源也会帮助教师，探索教学的循序渐进，有序性，而这一点，恰好是我们语文学科的“软肋”。我们也希望这些资源是公开的，可以让更多人使用，这才是信息技术培养出的开放性。

同时，这种技术的运用，打破了传统“师徒带教”的模式，大家在平台上都是以“学习者”身份出现的，不再有高高在上的导师，战战兢兢的徒弟，大家的研讨也更加有质量。我有一个模糊的猜想，信息化对教育最大的冲击，可能就是将改变传统课堂“教”和“学”分离的模式。虽然，作为一个新技术的实践者，我还不可能形成明确的思路，但，这一段经历，使我坚信：只要愿意，我们不会被淘汰，我们大有所为。

【反思】

当然，一个新事物的产生，一定会有一个逐渐完善的过程，即时通技术也如此。平台只能支持 6 人的视频交流，对我们 12 人的工作坊显然有些不够。其次，如何把这种技术推广开，能够更加自由地使用，那时候，我的带教蓝图就可以实现了：

"上海市双名黄玉峰黄荣华基地（两位特级导师，包括我在内的 12 位市级名师后备学员）"→"书声琅琅工作坊"→工作坊所涉及的 10 所学校语文教研组

我希望，这一条线，能够通过"即时通"贯通起来，我愿意把上海市最优质的教学资源带给我的工作坊学员，由他们带给各自的学校，让更多的教师享受优质资源，这，应该不会只是我的胡思乱想。我还希望，在信息技术的冲击下（我已经不用"配合"这个词汇了），我可以把"翻转课堂"的模式引入师徒带教。同时，我也发现在应用现代技术的时候，也出现一些容易被忽视的小问题，我也通过"即时通"提醒大家："很羡慕你们娴熟的多媒体技术，这些手段的运用让课堂活了起来，变得有声有色。但对课件的制作和使用提几点建议。我认为课件不能代替教材，不必要把教材中的内容打到课件上，这种形式的点缀完全没有必要。其次，课件不能是答案的展示，因为那样意味着你不允许学生有各种想法（尤其文科）。当学生回答出更精彩的答案，而你却打出已经预设的标准答案的时候，课堂会很尴尬。其次，制作出的课件是给学生看的，是辅助教学的。千万不要弄得'眼花缭乱'，简单是前提。字体起码二号，字数不能过多，字体和背景颜色一定要有反差，你制作的时候一定要考虑到最后一排的学生是否能够看清楚。我自己经过反复试验，发现深色背景加白色加粗字体，阅读起来效果最好。而且，课件的数量一定要控制。这些虽然是细节，但却真实地反映出教师心里学生的分量。"

这些提醒，伴随着我们一点点探索。

想到这里，我似乎明白"明天"的意义了，所以，我讲述的是一个必须

发生的故事。

2013 年 9 月 10 日教师节深夜

附录：16 年前的文章《教研活动之我见》

顾名思义，“教研”是指教学和研究；也可以是指对教学方面的理论研究。前者，指在教学、教育中进行研究，带着“研究”的目的去教学，把课内外教学当作实现某种教育理念的基地。同时，又从教学实践中不断完善、补充原有的教育理念，把研究作为教学的“造血站”。作为一名教学一线的教师，我更倾向于这种理解。

但在实际操作中，教学研究并未真正受到重视。各个学校都在从事“教研”活动，似乎大多数人也认同“教研组活动”即“教学研究”，从而流于形式，成为以教研组为单位的定时、定点进行的集体研讨、集体备课，或者集体学习教育理论的形式。看似“热闹”，但往往收效甚微，甚至成为一线教师的负担。我个人认为，其弊端在于，大多数人，特别是第一线的教师和管理者，没有理解“教研”的实质和存在意义，没有从“意识”和“行为”两个层次去从事“教研”，而只是把“活动”作为过程，形之于“论文”作为最好的结果，似乎随着一篇论文或一个课题的完成，“教研”也就大功告成了。

这种曲解，或者说片面，或者说被动，使“教研”绝对实现不了它真正存在的意义。我认为，“教学研究”是一种贯穿教育始终的一种意识和行为，它既可以成为一种群体活动，更应该成为每一个教育工作者的个体行为。它存在于每一堂课中，每一次作业评改中，每一次备课设计中，每一次教研组活动中。它将始终与课堂教学并存，成为一种教育的必备行为，而不是点缀品。它将成为时代需要的知识型教师的一种必备意识。

作为一名从教 10 余年的青年教师，我想结合语文学科的实际，从两个方面来探讨一下“教学研究”。

一、教研意识

特级教师于漪的一句话朴实而中肯，她说“当崇高的使命感和对教材的深刻理解紧密相碰，在学生心中弹奏的时刻，教学艺术的明灯就在课堂里高高升起”，应该说，作为新世纪的教师是幸运的，我们完全可以从物质上和精神上找到从教的尊严，自然，成为一名“名师”也成了诸多同行的梦想。然而教师的使命到底是什么？却是摆在每个教师面前的第一大课题。语言学家季羡林先生认为“北大”的优良传统，也就是中国知识分子的优良传统，就是把传承中华文化的重任始终压在自己肩上。那么，作为文化传递者之一的教师，如果没有这种“硬骨头”，这种气节，无论他的课讲得多好，他的考试研究得多透，他只能成为一名“教书匠”，而当今社会需要的却是更多的“教育家”。有了传承文化的意识，必然才能意识到自己的不足，自己的目标，才能从更宏观的视野去看待教学，只有这样，才能在实际教学工作中自然意识到“研究”的必要性，因为要“传道授业解惑”，必然要使自己的知识能力不断充实、不断更新，这样一来，知识“造血”一旦成了个体自发的需要，无论何种形式的“教育研究”就有了动力，方法也就成为其次了。毕竟，一支笔，一张嘴，一本教参的时代已经摇摇欲坠了，不搞研究，只把教学当成随意性的东西，只靠可怜的教学经验生活，必然常低头，回头看；只有边教边钻研，才能每进一步就往前看，往四周看。视野开阔了，需要也就随即产生了。

二、教研活动

我认为活动又可分为两类：

1.“教中有研，以研促教”的个体活动

每个教师就是一个教育者，它所从事的是不能失败，不能实验的事业，所以，有了充足、厚实的理论储备，才能使自己的课堂变成知识传递的河流，能力培养的沃土。所谓“大志非才不就，大才非学不成”，“教”的过程始终也应该伴随着“学”的过程。所谓“教学相长”，说明“教”和“学”是互动的，但我们更多的将其理解为“教师”与“学生”的关系，却忽视了这也指“教和学”的一种互补关系，一种自发地自我学习、提高的一种存在形式。我们每个教师大都工作繁重，似乎也无力成为专业研究者，但我们的课程五花八门，我们的学生五花八门，我们的教法也五花八门，这就给我们提供了丰富的素材，只要能及时归纳，及时总结，及时发现，新的教法，新的学法就很可能应运而生。有了问题，有了不足，再去探索，那么看似年复一年重复的教学才能有层次，有新意，才能始终跟上时代的需要、学生的需要。要做到这一点，我认为可以从以下几个方面着手：

开放视野，不耻借鉴

时代造就了许许多多不同年龄层次的教育家，教育新星，教育奇才，他们的教学特色足以成为我们借鉴之源。多听、多问、多借、多用，采他人之长补自己之短，辩证地看待自己的教学，才能使自己不为经验束缚，成为不落伍的教师，这一点，在现代教育理念影响下，相信同仁们都已意识到了，就不再累述。

有三种书，必读

第一类是理论书籍，如教育学、心理学、哲学类理论等，这类书籍会激发实践者反省自己的悟性，能告诉我们如何选择最优的方式去面对学生。因为不为学生所接受的教育，无论其形式多么精妙，必然是失败的教育。再一类就是要多阅读国家政策性文件，了解国家的发展需求，我们的教育对象毕竟是国家未来的主人，那种“闭门造车”式的教育，误民误国，绝对不能任其泛滥。

第二类我称为“时文”，即能反映当代人文思想的科学类及文史类的诗歌、散文、杂文、小说等，读它，我们的课堂才不会成为一潭死水，一部生了锈的机器。

第三类是每个学科必不可少的专业书籍，作为语文这门“庞杂”的学科，虽不能要求每一位老师能博古通今，但各类古典名作，中外名著不能成为案头常备，那我们的课堂永远只能是一种“重复”，而不是一个点燃学生心灵的火把。面对常于“网上观花”的当代学生，我们的那点寒酸、陈旧的知识，定会像孔乙己的茴香豆的“茴”字一样被学生耻笑。我们的视野真的到了“前无古人，后无来者”的地步，被淘汰的命运只能使自己“独怆然而涕下”了。每看到“校园童谣”中将语文课比作“老北京的传说”时，我心中总免不了几分沉重！实际点讲，如何把一节课讲好，讲活，讲深，讲得吸引住学生，使其能自发投入到一种研究性的学习中，我认为更多地在于我们怎样对待每一节课，于漪老师的每一节课都像一块磁铁，磁力何来？我想这与她“每课三备”有很大的关系。举个简单的例子，如果讲授东晋陶渊明的《桃花源记》，一类教师只读文章，只读参考书，就走上讲台；另一类教师读了《晋史》，再读《陶潜传》，再去参阅各类参考书，甚至读一读有关“乌托邦”思想著作，然后再走上讲台，其风景定会不同。

写论文

有了教师自身素质提高的需求，有了指导学生从事探究型研究的需要，那么用敏锐的触觉去感受工作，在教学、教育中发现问题，探讨问题，利用占有大量材料的优势，捕捉话题，并形之于文，那么“论文”就又成为一种内在需要的教研成果，而不是为了应付评职称而草率上阵的一张考卷。作为中学教师，我认为所写论文理论水平不一定很高，但一定要有血有肉，可以去研究新的知识点，学科交叉点，语言模糊区，凡是与教学有关的论题，上至教育观念，下至点滴学法，都可以成为我们捕捉的焦点。这里我也恳请书刊的主编们，多为这些酸秀才们开辟一些展示他们心血的小园地。

2. 教研组活动

有了自发的教研意识，有了自觉的个体教研实践，教研组活动就可以成为“百家争鸣”的教研阵地，这方面硕果累累，我这里不再一一评述，只作几点补充。

要有目的：研究是为了教学服务的，集体研究又是为了博采众长，只有形成浓厚的教研风气的集体，才能有整体水平的提高，而不是为了形式而存在。

要有实效，要有“突破”；要多做“个例”交流。可以有针对性地定课题，通过模拟教学，暴露问题，然后共同分析、改进，多做案例分析，多进行各种形式的理论探究和“实验性”研究。

不要只重视教法研究，忽视“学法”研究：课堂是素质教育的阵地，教学目标和课程目标只有在课堂中才能落实，而课堂的主人是学生，任何一种教法的检验标准只能是学生的反馈，所以，“学法”的指导显得尤为重要，而“学法”指导中学生心理素质的研究又尤为重要。只有进入心灵的教育才有可能成功。我们坐在一起，带着探讨的目的，分析学生，交流得失，相信高策良计会水到渠成的。

要有大胆的教改意识，尝试成为教改的实践者。

这一点，一大批从教育第一线走出来的教育家，已给我们树立了榜样。一个有教改意识，有教研风气的教研组，应该成为培养教坛新秀的摇篮。

“思想从思想中来”，只有经常性地高瞻远瞩地思考，才能居高临下，脚踏实地地去实践，21 世纪，知识将是最重要的生产力，而教育又是生产知识的生产力。为了时代的需求，为了终身教育的需求，也为了我们自身职业的需求，要边教学边研究，要常教常新，要使“教学研究”成为每一位教师的职业素养。

2000 年 7 月

在我担任工作坊主持人的时候，曾经把自己十几年前，和他们一样年轻时写的这篇文章给他们看，目的是希望大家意识到研究对一个教师成长的重要性。

13 最满意的一节课：名篇新讲

【课堂实录】上海市市北中学《兰亭集序》

（课前，老师和学生交谈，学生提了很多问题）

老师：明天是什么节日？

学生：圣诞节。

老师：我送大家的礼物带来了吗？（拿到礼物的学生窃笑）

老师：我主要怕老先生说我幼稚，所以提前发给你们，其实很可爱的。我们今天学的课文叫《兰亭集序》，这里的节日叫“上巳节”。当代有个学者正在向国家建议要把“上巳节”命名为中国的圣诞节，为什么跟圣诞节联系在一起了呢，因为农历三月三是皇帝轩辕的生辰。所以古话说：二月二龙抬头，三月三生轩辕。在宋之前，人们在三月三这天都干什么呢，《论语》提到，暮春者春服既成，冠者五六人，童子六七人，浴乎沂，风乎舞雩，咏而归。大家到了河边，去洗浴一下，唱唱歌，他们在干什么？注释里有一个细节，请你们注意，就是“修禊”这件事。修禊是干什么呢？是祈福消灾的。我们应该记得这个上巳节，我真的希望这个提议能够采纳，我们的节日里很缺乏仪式感。人们为什么要到水边祈福消灾呢，因为人生会有许多无法解决的问题，正如你们刚才问我的很多很多问题。好，我们现在进入《兰亭集序》。大家一起来读一下：

学生读（背）《兰亭集序》

老师：请把书放下，我们看这一句话：“后之览者，亦将有感于斯文。”我们是王羲之的后人。有个学者说，不易说清，不难感受。读几遍之后，能不能给我谈一下感受呢。我一直对自己的学生讲，我们不要害怕，因为你们今天还不到 17 岁，王羲之写这篇文章的时候 51 岁，50 岁对古人来说是知天命，已经知道了世间的道理，我们才 17 岁，所以可以大胆地说。

学生 1：我觉得里面对生死的看法我们 17 岁的人可能不太理解。

老师：不愿意评价，明天就过节了，干嘛提死生这样的话题对吧。

学生 2：第一段还好，到后面就开始感慨生死。

老师：感慨生死，我们就借这个同学的话来看第一段。

学生 3（朗读第一段）。

老师：这一段写什么呢，你来概括一下。

学生：描写环境。

老师：他表达环境很好，他的语言风格你有什么感觉吗？

学生 4：很整齐。后面用“信可乐也”收了一下。

老师：我们用一个色彩来形容第一段，很明快。南朝诗人谢灵运说：“天下良辰、美景、赏心、乐事，四者难并。”这段美景中良辰什么时间？美景有什么？让人心情特别愉快的事情有吗？“可以畅叙幽情”。黄玉峰老师说他研究“幽”的写法应该是这样的，幽者隐也。可能只有你懂、我懂。快乐的事有吗？虽然没有“丝竹管弦之盛”但是有“一觞一咏”。为什么这么快乐的景要继续往下写呢？你们怎么理解？为什么之后转到了“痛”和“悲”呢？

学生 5：如果他只写修禊这件事，意义会太浅，立意不太深入。

学生 6：因为他后面提到“人之相与俯仰一世”，我觉得是他写作过程中，越写越觉得悲痛。

老师：这段景物的描写何以见到后者的哀情？有吗？否则这个转得有点太唐突了。

学生 7：写景的时候说到他们一觞一咏，畅叙幽情，一喝酒、一聊天，可能就引发了感慨。

老师：畅叙幽情在第一段有没有讲说了什么？没有。但是心里可能有。我昨天在散步时突然想到里面的一句话，“信可乐也”。大家再读一遍，感受一下。为什么要加个“信”呢？我今天来到这里，觉得很开心，为什么说完要加个“信”？是提醒自己我应该很快乐。

学生 8：他是用这句话来掩饰自己的不快乐。（学生七嘴八舌，很多认同）

老师：我们对下面转到“悲”和“痛”还有没有什么问题？《前赤壁赋》的转折怎么样？

学生 9：《前赤壁赋》引入了箫声，这里没有这样一个引入，所以读者很难理解他的心态。

老师：请大家读这句话：“虽趣舍万殊，静躁不同，当其欣于所遇，暂得于己，快然自足，不知老之将至。及其所之既倦，情随事迁，感慨系之矣。”这种“情随事迁”，我们 17 年的生活经验里有没有？向之所欣的愉快突然都没了，只有感慨。

学生 10：二胎政策之后，家里再生一个孩子，就会使以前的快乐改变。

老师：看来王羲之说的并不是脱离读者的，是大家都会有的经验。这原本就是人的活动。上巳节还是“人节”，女娲造人是三月三造的人。什么是快乐？很快就过去的乐趣。后面呢，雪上加霜：况修短随化，终期于尽。古人云：“死生亦大矣。”岂不痛哉！大家读一下。

学生朗读

老师：俯仰之间，以为“陈”迹。我给大家出一个作文题，《12 月 24 日这一天》，写的时候你就会发现，这一天已经成为“往日”。为什么后面要写这一段呢。大家一定不要忘了这篇文章是“序”。很多的教学设计里说这是王羲之在序作上的独创，其实不然，我觉得任何事都有前因后果。在《世说新语·企羡》云：“王右军得人以

《兰亭集序》方《金谷诗序》，又以己敌石崇，甚有欣色。”有人把王羲之的文章与《金谷诗序》比较。我们来看一下石崇的《金谷诗序》。请一个同学读一下。

学生：“余以元康六年，从太仆卿出为使，持节监青、徐诸军事、征虏将军。有别庐在河南县界金谷涧中，或高或下，有清泉茂林，众果、竹、柏、药草之属，莫不毕备。又有水碓（duì）、鱼池、土窟，其为娱目欢心之物备矣。时征西大将军祭酒王诩（xǔ）当还长安，余与众贤共送往涧中，昼夜游宴，屡迁其坐，或登高临下，或列坐水滨。时琴、瑟、笙、筑，合载车中，道路并作；及住，令与鼓吹递奏。遂各赋诗以叙中怀，或不能者，罚酒三斗。感性命之不永，惧凋落之无期，故具列时人官号、姓名、年纪，又写诗著后。后之好事者，其览之哉！凡三十人，吴王师、议郎关中侯、始平武功苏绍，字世嗣，年五十，为首。”

（疑难字均注音）

老师：我们来比较一下，都是以时间开头的，“元康六年”，我们这里是“永和九年”。

老师：景写得都不错，还有呢？相同的、不同的给列出了。

学生：第一段差不多。第二段不同之处在于《兰亭集序》把各种感慨都写出来了，这里却一笔带过。

学生：结构上不同。《兰亭集序》的情绪表达比这篇要复杂得多，对生活态度的讨论更多。

老师：其实在石崇的《金谷诗序》里已经有“序”的结构。《兰亭集序》里既然如此之悲，为什么还要列其所作呢？我们来看看最后一段，王羲之给答案了吗？

学生：（朗读《兰亭集序》最后一段）：“每览昔人兴感之由，若合一契，未尝不临文嗟悼，不能喻之于怀。固知一死生为虚诞，齐彭殇为妄作。后之视今，亦犹今之视昔。悲夫！故列叙时人，录其所述，虽世殊事异，所以兴怀，其致一也。后之览者，亦将有感于斯文。”

学生：后之览者，亦将有感于斯文。

老师：我对注释里有一个点是不大认同的，“虽世殊事异，所以兴怀，其致一也。”注解 33 是“人们的情趣是一样的”。但前面有说“向之所欣，俯仰之间，已为陈迹，犹不能不以之兴怀”我觉得后面与这句是联系起来的，这就可以解决前后混乱的问题。

（学生有的点头，有的摇头）

老师：书上的注释是：“一死生，齐彭殇”是庄子的看法。在魏晋时期，清谈盛行。清谈就是在一起谈论高深的事物。大家有没有感觉到，《兰亭集序》极少提到永和九年的社会事务。第二种人是：因寄所托，放浪形骸之外，竹林七贤里的刘伶醉酒的形象，魏晋时荒诞达到了极盛。刘伶真的是好酒的命吗？刘伶借酒到底在做什么？这些我们应该回到那个时代去思考。王羲之追求的是什么？他反对庄子的什么？按照书上的注释，夭折和长寿一样，生命会进入什么的状态？虚无、消极。庄子真的以为生和死是一回事吗？其实庄子原文里是说有最高修养的圣人不会因为死改变他的一些东西。王羲之这里的引用是故意误读呢还是有其他用意呢？我们可以去想一想。（课后，有学生过来讨论这一点）

老师：同学们说到这篇与《前赤壁赋》相比逻辑性很差，我们来看一下后人的一些评价，金圣叹说：“《兰亭序》真古今第一情种！”施蛰存说：“七拼八凑，语无伦次，不知所云。”《古文观止》：“通篇着眼在死生二字，只为当时士大夫务清谈、鲜实效，死生齐彭殇，无经济大略，故触景兴怀，俯仰若有余痛，但逸少旷达人，故虽苍凉感慨之中，自有无穷逸趣。”我们一定要逐渐形成自己的看法。

老师：他说完“固知一死生为虚诞，齐彭殇为妄作”的时候是有很多话想说的，但他收住了，怎么收的呢，大家来读一下。

学生朗读

老师：他到底为何而悲呢？沈从文认为《边城》是个悲剧，为什么它是悲剧呢？翠翠是个自然人，她一介入社会，成为一个社会人就一定是个悲剧。王羲之除了今天可以看看山水，有没有社会给予他的悲哀？我们有没有？

学生：高考。

学生：孤独。

老师：对，还有雾霾等等。但一个人无法脱离这个环境。为什么王羲之描述得这么曲折、隐晦，苏轼表达这么流畅？苏轼是北宋人，王羲之是东晋人，东晋是什么时代？我们一定要看这句话。

学生：（朗读）篇中从可乐处说到可悲，着眼生死二字，有深意存焉。晋尚清谈，当时士大夫无不从风而靡，剽窃老庄唾余（喻别人一些零星言论或意见），漠然无情，外其形骸，以仁义为土梗（泥土塑的偶像），名教为桎梏，遂致风俗颓弊，国步（国运）败移。右军有心人也，虽欲力肆抵排，而狂澜难挽，不得不于胜会之时，忽然以死生之痛，感慨伤怀，而长歌当哭，以为感动。

老师：王羲之是一个有心人、有所作为的人、一个清醒的人，但不一定是一个快乐的人。我们现在再来把这篇文章读一遍。

学生朗读

老师：刚才有人问我王羲之为什么要写这篇序，他并没有给出我们最终的答案，为什么还要写。

学生：他把这个问题抛给大家了。

老师：有道理，这个问题到现在还没有答案。生死的道理，我也不知道。我只知道昨天早晨我看新闻上深圳泥石流被救活的男孩醒来后说，“哦我还活着”，让我心里一动，想到“死生亦大矣”这句话。文章确实写得百转回肠，生死到底怎么对待呢？ 12 月 24 日这一天到底应该这么对待呢？人不能解决的问题太多了。《兰亭集序》是 41 个人的快乐，后面谈论的是人类本身的问题。人容易有贪欲，外在世界的变化无法掌控，每个人都面对最后的死亡。这样一想，这篇文章写得虽然乱，但是还是非常好的。

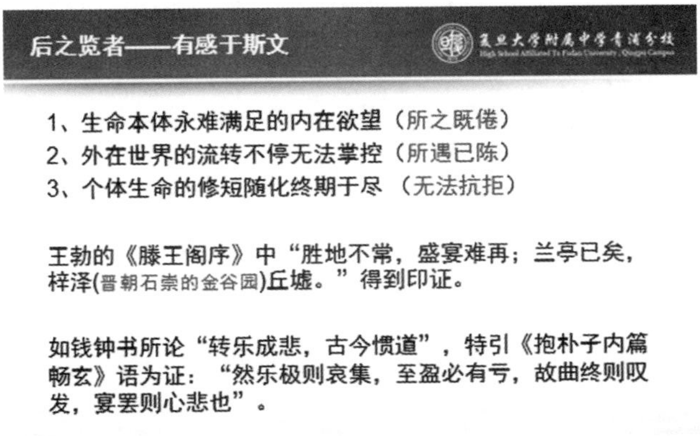

请一个同学读一下第二段，感受一下文章。

二生朗读

老师：王羲之这篇序写得不完美，但有特点。所以我们一直以来都认为它是名篇，我们再看一篇民国小学生写的文章（选自《民国学生这样写作文》）。

“晋之东也，莫不谓五胡逼之也。然渡江以后，固已据一隅之安矣，而未闻有图恢复之志者，清谈误之也。清谈之人，宅心事外，不肯有为。现逸少此篇，可以知其趣矣。当穆宗永和之时，桓温跋扈，殷浩北伐无功，而思去位，中外骚扰，社稷几危。为臣子者，方将焦心苦思，卧不安寝，食不甘味，以求安社稷而定国家，岂复能系情觞咏，游玩林泉，以偷安旦夕耶？今乃以畅叙为欢，以骋怀为乐，以为人之相与，俯仰一世。虽一时遣兴，而幽情逸志，已尽见于言词之表。逸少是时身为中军将军，责任綦重，而其言如此。观其遗殷浩书曰：‘力争武功，非所当作，莫若还保长江更为善治。’又与会稽王笺曰：‘功未可期，而已区区吴越，经营天下十分之九，不亡何待？’此皆是缩首退后，无直前之气。清谈之人，大率类此，其不致误国者几稀。”

老师：这是浙江一个小朋友写的，感觉怎么样？感觉好失败是吧。（学生七嘴八舌）当大家还在考虑个体之乐、个体之悲时，这孩子直指了“永和九年”。当时，战争、瘟疫、地震，非常可怕，而且出现了人食人的现象，这时候贵族在干什么？大家知道另一件事就更不懂王羲之为什么写这篇文章了。永和十一年，王羲之率全家子孙在父母的墓前发誓再也不做官了，最后三年没有记载他在哪里、怎么死的。我给大家印了郭沫若、施蛰存先生的文章大家可以看一下。有人研究，《古文观止》在收录《兰亭集序》时，做了改动，如增加“曾”（曾不知老之将至），将“悟言”改为“晤言”，将“怏然自足”改为“快然自足”，为什么要改动？“死生亦大矣”在《庄子·德充符》中的含义是否被王羲之误读？魏晋时期，士族多不思进取，“常得无事”成为“名士”的必备条件，此文不提“社会背景”是否也属此类？钱钟书认为，序文受惠于书法光环而名高。有无道理？这些问题请大家一起研究，也许没有答案，但研究本身就是学习。祝大家圣诞快乐！下课！（展示课后任务单）

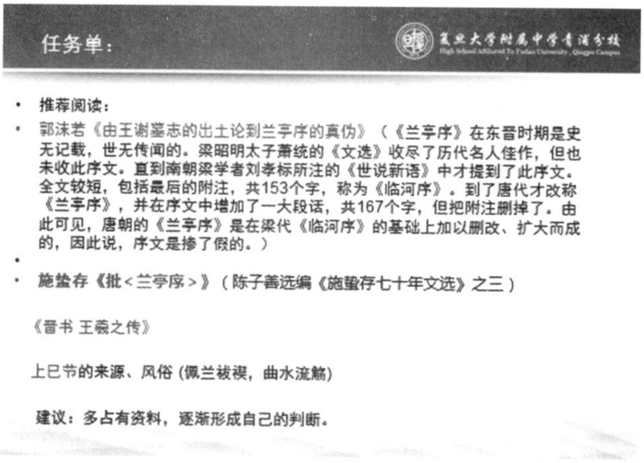

下课后，还有学生提问，留了我的微信号。

2015 年 12 月 24 日市北中学

附 部分听课教师点评：

陈琴南老师：这堂课我听了我感到很累，东西多，这堂课原本是力求在40分钟上完，实际用了58分钟。要在58分钟里把一整篇《兰亭集序》文思、作者创作意图、如何加以评析、包括词语的划拨，最后还要把文本放在特定的时代背景中，最重要的是还要让学生跟着你走，让学生找到历来的争议点，同时得出自己的判断，继续研究，58分钟要完成这些任务几乎不可能，所以杜老师很不容易。我个人认为完成了60%。这要得益于她飞快的语速、铿锵的语言还有激情，这堂课有激情，但我觉得很累，因为缺少思考的时间。如果这节课留下更多的空白，留下资料让学生去想。虽然老师做了很多工作，一开始让学生提出问题，要知道学生懂了什么，还存在什么问题，但后来老师比较急于把自己所想的东西都教给学生。这堂课好在有激情、教师带了大量资料，教师启发了学生怎么去鉴赏这类文章的基本思路。就是从文思、从作者、从时代、最后到语言本身去鉴赏。累在教师急于把自己研究的东西让学生接受。我感到这样一堂课加长课，完全可以两个教时，再加上延展性，让学生自己去思考。这堂课给我的很大启发是什么，对高二的学生要给他们一定难度，这堂课没有圈点，这是很好的。其他学校听课中有老师比较迁就学生，这点要告诉你，那点要告诉你，似乎要达成共识才往前走。这堂课告诉我们，高中学生要允许他有不同意见，并且要提出更高要求，让学生跳一跳能够到。这些材料，老师无偿地告诉学生。我想能不能给学生一些网站，让学生自己去查。我自己也会犯这种错误，太廉价地把知识告诉学生，廉价得到的东西学生是不重视的。让学生自己动脑筋去找资料，而不是让学生在提供的资料之内思考。

老师还是太霸道，霸占了很多学生思考的空间。

步根海老师：这堂课注意批判性思维的培养，对怎么培养学生的批判性的培养是做了阐释的，这堂课对我们来思考如何培养学生批判性思维有启示意义。所谓的批判性思维不只是对现存的东西提出质疑，也不只是对别人的东西加以否定，更多的是怎么既进入文本，又跳出文本，去搜寻与文本相关的资料，综合了这些之后对自己的疑问进行再思考，并在一定的逻辑层面得出相应的结论。即使一下得不出，也要做这方面努力。这堂课在这方面是给我们以启示的。尽管以课堂教学的形式来说，教师说得比较多，而且是在阐述自己对文本的认识与理解，也包括对前人、对当今的前辈他们的观点，自己的认同与否。表达的是这些东西。那么我想，这样一种表述实际上是启发学生，一个结论的得出，不只是要提出一个疑问，也不只是听从谁的，也不是盲目地信仰哪个权威人士，而是要依据一定的标准。占有一定的资料，形成自己的独立思考，从而得出自己的结论。我想在这个方面，今天这堂课是给我们启示的。有一点可以商榷，教师本来的意图是引导学生逐步地形成自己的体验，最终得出他自己的结论。而教师在实施教学过程中，也许是她自己对这篇文章太喜欢，老是希望去改变学生的想法。“你觉得怎么样？还不好吗？”这就是导向。教师自己做了示范，我是如何得出这样的结论的。如果教师比较强大，这样的表述就会让学生跟着教师走，学生的批判力就得不到训练了。第一个我是谈的文言文的教学。第二点，我们一直在说文言文的教学的特点是四个文的合一，文字的（语言现象）、文章的、文学的审美的鉴赏的东西、文化的（这样的内容背后的文化），这四个文的合一才构成文言文教学。但在实际的文言文教学中，这四个文在大多数课堂中是多变的。一般来说，先解决字词句，即文字的疏通问题。在这个基础上，再分析文章的内容、结构形式，而后再升华文学体验，最后再到文化。这堂课上没有这样逐字逐句的串讲，也没有做翻译、解释，但在整个教学过程中是不断地在落实和文字相关的知识。实际在反复过程中，学生已经感受到了，是一种动态的感觉。是需要引发学生对文言的、文字的关注，要有一定知识的积累量。但一篇文章到底重点要讲多少词义，我们心里都有底，不是越多越好，而是要努力以少胜多。有些东西学生自己可以解决。因此怎么通过对文章内容、文学内容以及文化的感受，落实文字的艺术。恐怕今天这堂课也是值得我们思考的。在这个过程中本身也包含文章的贡献。比如在教学设计中可以看到，如同一般教师都抓的词，“乐”“痛”“悲”，从文章内容来看这是对的，因此教学过程中教师也让学生通过对这三个词的感受来梳理文章。这里包含着文章的因素。我们要思考，尽管有这样的句子，我们要区分，讲乐是以叙述描写为主的，不一定是作者内心感受，杜老师已经表达这个理解。乐只是把氛围和第三者看这样的场面可能产生的感受表达了出来。因此这个乐未必是作者之乐，何况举行这样的活动有特殊含义的。黄玉峰老师在绍兴讲这堂课是用“祈福消灾”。在特定的情境下，为什么要这样的祈福，要想消什么灾。特定氛围下的特定感受，是在特点背景中抽得的看似快乐的东西。讲课恐怕不能与痛、悲并列。痛、悲是基于这样实际的状态，针对这些抒发议论、感受。这是文章的贡献。做这样分析的同时，已经渗透着文学的东西，作者用怎样的形式表达内心的感受。阅读者怎么体会或评价，本身就是一个从文学体验角度的运作。文学的体验、文章的分析又是和整个文化背景相联系的。这样的形式，清谈、随意的一种反思，这是当时的文化问题，文人的一种行为举止，以及背后的东西。因此这堂课，四个文是融合的，给我们以很好的启示。这是非常有价值的。第三点，在前人已经有的、权威的评价的基础上，在读的过程中，如何去或肯定，或否定，思考的方法和途径究竟是什么。实际教学中用得比较多的是知人论世，占有比较多的资料，然后论述时代背景。我要说的是，知人论世是需要的。更重要的是引导学生自己获取资料。怎么利用有限的文字去理解作者的情感，以及作者表达情感过程中前后的观点。这个文本连施先生都读不通，我们水平不如他的人怎么理解。我们可以做一点推敲。并不是要把它说得那么逻辑严密，但总要从相关语句中获取相关信息，加上自己已有的思想认识、语言感觉、文学体验，通过这些，找得到一点前后之间的联系。这堂课在文言文阅读过程中怎么找到前后联系，也是给我们启示的。这三个方面，今天这堂课是非常有意义的。至于前面的老师说的内容是不是多了一点，教师是不是着急了一点，可以引发更深的思考。

黄玉峰老师：大家说的是理念的呈现。我的理念是“博学之、审问之、慎思之、明辨之”。语文教学中面临的是各种说法很多。对语文教学什么性讲得很多，如果我们对文章的理解完全停留在概念上，往往就会没有个性。我常常说要走正道，引用闻一多先生说的话：勒马回缰走正道。语文教学也不是走在正道上，正道是很简单、朴素的问题。两位老师刚才也说到了，怎么解释字词句、怎么融汇、让学生思考、怎么积累文化图腾，博学就是让学生记住有这样一篇文章。让学生自己去学习。比如让学生看什么书或者让他们找什么资料。东西读得多了才有自己见解，光读这篇文章没什么见解。积累到一定程度就会有悟性。积累多了，自然就有思考。我们很强调记忆。就让学生大量地背。背的多了，就会化。审问之，就是提出问题，她在课堂之前就问学生有什么问题。审问很重要。慎思之，你不能没有资料就思考，要掌握很多资料、包括时代背景。比如杜老师说到永和九年，王羲之挣扎着但是没有挣扎出来。高中学生可以接受这些东西了。明辨，不断地辨析。切问近思，这样学生的思想才能进步。考试的每年的标准答案都有问题，将来考博学、考能不能想到别人想不到的东西、明辨怎么样，这才能考出水平。我们老祖宗有很多好东西，我们可以拿出来用。最后一个，笃行之，是每个人怎么去做。我在读王羲之文章的时候，觉得这个人有的地方不值得学。这个时代也有值得学习的。比如，《颜氏家训》，在乱世怎么办。我们要学苏东坡这样的大气，他的文章好在说真话，纠结就写出纠结的文章，痛苦就写痛苦的文章。李白也是这样。通过文字能够见人，我们能从中学到我们怎么样活得更滋润、体面、美丽，是我们应该学习的东西。语文教学应该引领学生，任何引领都是束缚，没有束缚教起来就很难教。这给我们很多启示，落实到如何做人。怎么样对待人生的问题。我们要学生活在世界开开心心，他们懂得人生是很短暂的，但我们要活得体面、滋润。如果语文教学做到这点，也就完成了他们的使命。否则我们语文在做什么，在束缚人的思想吗？上面说什么，我们也说什么，每篇文章都跟着走，没有自己的东西。杜老师是很有个性的人。如果你是温文尔雅你就温文尔雅地上，像杜老师这样是激情奔放的人你就激情奔放，每个人都上出自己的特点，不要去模仿，即使模仿也是从本质上模仿。哪怕外在是温柔的，内在的激情是掩盖不住的。我觉得上课要有个性，不仅是文言文、现代文、作文课更是这样。我也上过很多公开课，我在上任何课的时候，和杜老师一样，每天读几十遍，到自然而然背出来，上课时就不用课本，可以直接讲。今天上课比较长了一点也是因为杜老师想让学生多读，从读中感悟一些问题。作文也是要在生活中体会，为学生着想。我们今天五个基地的探讨，各位老师的讲话、评课，我想带给我们回去的东西是很多的，可以启发大家。我们都是骨干教师，我们在自己的语文教学中上出个性，把上海的语文教学搞得风生水起，这是我的想法，谢谢大家。

【反思】

工作 26 年，上了不知道多少节课，拿到《我最满意的一堂课》这个题目，竟然不知道选哪一节。

我是一个上课有感觉的老师，在课堂的状态完全异于日常生活。常常被评价为“有激情”。但我自己知道，每节课后面付出了很多。

细细想来，我最满意的一节课是 2015 年 10 月在云南昆明为“国培班”学员上的一节课：胡适《我的母亲》。有三点我非常满意，一是我拿到题目，没有按照传统方式找资料备课，而是在黄玉峰先生的指导下读胡适日记，力图去寻找他身上母亲的痕迹。二是学生当堂的反应非常好，他们对我提供的材料以及设置的问题很有兴趣，我选择的漫谈式教学方式，让学生成为主角。最后一点，课后出乎我的意料，好多学生围上来，要我的通讯地址，一个女孩说：我没有想到语文课可以这样上。后来，这些陌生的孩子用微信和我聊天，聊他们的困惑，他们的痛苦，甚至他们的小秘密。这些，都出乎我的预设，让我激动了很久。非常可惜课堂没有录像，所以无法实录。但我用了很长时间才明白，我的成功在于：教，是为了让学生愿意学。

上文实录的《兰亭集序》，是 2015 年 12 月 24 号，在上海市北中学第三届名师基地教学展示。两个星期前接到通知，我代表“黄玉峰黄荣华基地”做教学展示。起初，我想上一节作文课，但黄玉峰老师说，你为什么不讲《兰亭集序》？这一问，把我问住了。一周前，市级教育研讨在我们学校举办，黄老师为来宾执教《兰亭集序》，将近两个小时，大容量，大视角，起承转合，一气呵成。我也讲？怎么讲？重复。现成的资料借用？我不愿意这样，我大胆答应了，一如往常，我们基地的公开课几乎不会去试教，而是老老实实、扎扎实实地阅读文本，琢磨文本的来龙去脉，反复读，反复背，反复思考。把它当作一篇经典范文朗诵教学如何？在我诵读的一遍遍中，一些疑惑渐渐浮现了出来。这确实是一篇反复被大家赞赏的奇文，但是“文”奇，还是书法奇？此文细读，总有一种理不清的凌乱感，为什么？此序之写法，属首创吗？《兰亭集序》是第一情种，还是王羲之是第一情种，还是书法《兰亭集序》是第一情种？为何施蛰存先生讲它“七拼八凑，语无伦次，不知所云”？带着这些问题，我翻阅了很多资料，最后决定把自己的研究过程呈现在一节课上，我不想只把课上得多么“精彩”，我想，既然我们是骨干教师，我们要敢于探索，不怕失败。我觉得，高中学生有能力，也有权利去了解如何研究经典作品，不是只有接受的权利。我也知道，要呈现这个过程，一定会犯一个公开课大忌：讲得多。

这期间，我经常把自己的发现讲给黄老师，黄老师兴奋地听，有时还记下来。他总是鼓励我们，要敢于研究，敢于发现。我们没有提到这节课到底怎么上，甚至黄老师都没有看我上课的课件。

这是我在基地最大的收获，我们学习着读书，思考，突破；我们求真，求实，不随声附和。

就这样，这节课上完了，听课老师说“听得累”，我却感到非常欣慰。我在找资料时，看到民国小学生对文章的质疑，我非常震惊。我们常常在提批判性思维，但却总是固守着许多已经的认定。这节课，我给学生提供了很多不同见解，不同看法，我让学生试着去比较，去追根溯源，试着在占有资料的同时，逐渐形成自己的看法。即使，我们并没有把它当作名篇去膜拜，但一堂课下来，很多同学能背诵了，很多同学产生了共鸣，看来，质疑并没有减弱《兰亭集序》的魅力。

为何不能尝试一下呢？语文课也可以这样上。

叁

我的学生：

学生眼中的语文课堂

一个高中毕业生对“语文”的困惑和思考

杜柯言

以一名应届毕业生的身份，我刚刚结束了我十二年的语文学习，回首这段延伸过我现有生命三分之二的时光，现在来写下这篇文章。作为一个生来就不懂得什么叫做盲目相信和绝对服从的人，我很遗憾地从未成为过一名优秀的学生，但或者恰恰如此，我可以冷静地从学生一方的角度对语文教育提出一些自己的看法，毕竟，学习是老师和学生两方面的事，在老师们苦思冥想为何语文教学达不到效果的时候，偶尔参考一下学生的意见也许不会有什么坏处。

（在高中的三年里，我拥有一位优秀的语文老师，虽然我们的思想观点总是有些分歧，虽然或许我总是显得漫不经心，但我绝对拥护我的老师，因为他是一位真正热爱并投身于语文教学的老师，而且我也相信，大多数老师都是用心在教语文的，因此，我以下的言论绝非批判，而是作为一个热爱中国文化的学生怀着希望语文教学能越来越好的愿望进行的探讨。）

一、对课本的困惑

课本教授的不仅仅是知识，也是一种态度。

在学习之时，课本是我们最先接触到的东西，它在语文学习中占有不可否认的重要地位，以下是我对于我所学过的课本切身体会后产生的一些困惑和疑问。

1. 课文的真实性

即使放下课文选文的好坏优劣不谈，作为学生，我想至少我们拥有“我们所学的课文都是真实的”这一权利，而现在看来，我们似乎还未能拥有这一基本权利。

当然，课文应该在学生的励志方面起到积极影响，因此编教材的老师希望我们从课文中学到艰苦奋斗的精神，这的确是应该的，但如果是以歪曲事实来实现，只怕可能会适得其反。在此我且举两例来表示疑问：

1）中国课本里有这样一篇经典励志课文，大意是说马克思在大英博物馆坚持阅读，以至于地上留下了他的脚印，正是这种精神才使得他写出了《资本论》等一系列经典。我的一位同学在英国交流学习时曾去到那里，可惜的是图书管理员表示实在不知道有这样的事，并奇怪地问为什么很多中国人问同一个问题。另外，即使这是管理员年幼无知不了解，根据一些人的考证，“脚印”的这一说法可能是我国著名经济学家陶大镛在《我怎样学习政治经济学》中首次提出，并称1947年亲眼看到过这一痕迹，而其时马克思已经去世六十余年，这六十年中，大英博物馆还经历过二战的轰炸，且在此之前并没有关于这一脚印的任何记载（就我所知），这一“痕迹”是真实的存在还是一种美好的想象只怕很难说清楚了。如果这样还不足以说明问题，那么从实证主义的角度出发，请物理老师们计算一下，以一个人坐在椅子上双脚对地面的压强，是否能使地面发生肉眼可见的不可逆的形变（沙土地面另当别论），且如果这是可能的，那相应的每个桌子的桌腿是否都应该能形成类似的“脚印”？

如果说这一“脚印”说法的出现是一个研究者对于先贤的崇敬的表现，那当然无可厚非，但教科书作为传授知识的渠道应该是严谨的，将这种传闻或想象当作励志的事实来加以宣扬，似乎就有些不理智了。且不要说这样的行为本身就是与马克思的严谨精神背道而驰的，更何况先哲马克思一生有如此多的成就，难道还需要通过这样的宣扬才能证明其伟大吗？我们对先贤是否太没有自信了。

2）再举一个高中课文的例子，高一课文《跨越百年的美丽》中写道，科学家玛丽·居里果断地拒绝了追求者，剪去了一头长发，不为这些世俗享乐所羁绊等等，并把这些作为她成功的原因之一。然而事实是，作为一个高中生应该知道，玛丽·居里并不是一个禁欲主义者，甚至正是因为她拒绝当时社会对女性所谓品格的一些要求（讽刺的是，正是课文作者试图证明她拥有的一些品格），以至于被恶毒地称为“波兰荡妇”，并被排除在法兰西科学院门外。而她真正伟大的人格，正是在于拒绝这些不合理的要求，以平等的人的身份站在演讲台上，也站在人生的欲求和获取幸福的要求上，从这个意义上讲，“居里夫人”本身就是一个贬低的称谓，因为她远远不是比埃尔·居里的附属品和助手，可惜这个称谓亦为这篇课文所沿用。很难想象，她本人要是看到这篇“赞赏”她的课文会是什么样的心情。

另外，文章中如是说：

“一百年前的 1898 年 12 月 26 日，法国科学院人声鼎沸，一位年轻漂亮、神色庄重又略显疲倦的妇人走上讲台，全场立即肃然无声。她叫玛丽·居里，她今天要和她的丈夫比埃尔·居里一起在这里宣布一项惊人发现，他们发现了天然放射性元素镭。本来这场报告，她想让丈夫来作，但比埃尔·居里坚持让她来讲，因为在此之前还没有一个女子登上过法国科学院的讲台。玛丽·居里穿着一袭黑色长裙，白净端庄的脸庞显出坚定又略带淡泊的神情，而那双微微内陷的大眼睛，则让你觉得能看透一切，看透未来。她的报告使全场震惊，物理学进入了一个新时代，而她那美丽庄重的形象也就从此定格在历史上，定格在每个人的心里。”（高中一年级语文课本）

我对这一激动人心的描写感到非常怀疑，据我所知，事实大致是：1898 年 7 月，居里夫妇向科学院提交《论沥青铀矿中一种放射性新物质》，说明发现新的放射性元素 84 号，命名为钋。1898 年 12 月 26 日居里夫妇和同事贝蒙特共同向法国科学院提交了关于镭的发现的论文《论沥青铀矿中含有一种放射性很强的新物质》。这一发现引起了极大的质疑，在之后的很长时间里，她和比埃尔·居里通过艰苦的努力提炼出了镭，并测得镭的原子量，证明了镭的存在。1903 年居里夫妇和贝克勒尔共同获得诺贝尔物理学奖（玛丽·居里是第三作者）。而玛丽·居里因为性别原因终身未能成为法国科学院院士（或许也从未演讲过），几十年以后，居里夫人的一个学生成为法国科学院的第一位女院士。

当然，我并没有研究过玛丽·居里，我的了解不一定准确，但这一令人愉快的描写无疑是极不真实的。

和上面的“马克思的脚印”一样，这种为了赞叹而赞叹的曲解，是否真的必要呢？

老师总是要求我们更加尊重学校，尊重老师，尊重学习，但现在不再是封建社会，在我们社会主义社会里，没有压迫阶级和被压迫阶级，任何人之间的尊重都将是互相的（而不是一种义务），让学生学习错误的信息，这既是对学生的不尊重，也是对学生智商的不尊重，因此势必会减少学生对课本的尊重，进而减少学生对语文的尊重，这显然不是老师们希望看到的。

2. 现代文没有足够的历史背景

在我们的教科书中，古文的背景往往注释得较为详细，而相比之下，现代文的背景却没有得到较好的注释。但事实上，三千年前的事和三十年前的事对于四十岁以上的老师们可能有差别，而对我们来说它们同样陌生，都是我们出生以前的事，因此，我们对于《老王》的时代背景的需要并不亚于对《岳阳楼记》背景的需要。很多现代文没有足够的时代背景我们同样是无法真正理解的。

例如《想北平》，如果脱离了时代背景，可能会被仅仅当成一篇普通的，文笔优美感情深厚的怀念故乡之文章，然而1936年签订《何梅协定》，成立“冀察政务委员会”，北平已经处在极大的危险之中，在这种了解的前提下，学生才能进一步感受到老舍字里行间隐约的极度担忧。

这并不能说是编教材老师的问题，而应该称作老师和学生的自然代沟，短短十九年前的事你怎么会不知道呢?！我出生一年前的事我怎么会知道呢?！可这是一个需要解决的问题，如果希望学生们能够更好地理解课文的话。

3. 经典文章为何要改动或不当节选?

在我们的教科书里，一些经典文章被编书人私自改动，这已经不是一个陌生的说法，对于这一现象，叶开先生已经进行了不少论述，我对此表示赞同。一篇完整的作品，包括它的思想，内容和语言，加在一起才是一个整体，语言是作品灵魂的组成部分，其风格是不可替换的，即使修改的文字真的比原文更好，也是对作品的一种不可逆转的伤害，更何况修改后的文字实在不见得好过原文。

我再补充一下对于经典节选问题的疑惑。以高中为例，诸如《红楼梦》《三国演义》这样的名著，做一定的节选来讲解是完全可以的，因为原书太长，不可能全录，而且学生们也应该（至少从情理上而言应该）都看过。但对于诸如《边城》《阿Q正传》这样的文章，学生们未必都看过，这么不明不白的节选一段放在这里，不但显得莫名其妙，还会影响学生对于阅读原著的兴趣——因为第一印象是这家伙写文章不明所以——适得其反，反而会消减学生对这个作品原著的兴趣。

从另一个角度来讲，例如《边城》这样的名篇，显然比收录的其他大多数课文高明得多，我们为什么不能有这样的魄力，就拿出半本书来收录全文。我想如果真的这样做了，不但效果未必会比学习现在的课本差，而且这一篇文章对于学生作文的景物描写、心理描写等能力只怕会有不小的提高。

4. 为什么不能选择更多合适的经典?

一旦我说，课本选取的文章并不都是最好的，一定会有人教育我：肯定比你写得好。是的，我非常赞同这一观点，确实都比我写得好。但我们学习课文的原因，仅仅是为了看看比一个高中生写得好的文章吗？孟子说："观于海者难为水，游于圣人之门者难为言"，以什么样的高度作为标准和学习的对象，将决定你能够达到什么样的高度，仅仅是"比我写得好"的文章似乎难以培养出真正的大师，就用鲁迅的话来说，"天才的出现需要培养天才的泥土"，那么天才的出现也同样需要让他知道他应该达到什么样的高度。现在的现实是，大多数学生课外阅读的时间并不是很多，这一点我们必须承认，说什么阅读还是要靠学生们自己是——而且只是——一种美好的想象，对很多学生而言，所有的阅读量基本就是课本和试卷上的文章，而当他结束语文学习以后，是否还会自发地继续阅读也值得怀疑。也就是说，课本的高度就是这个青年接触到的最高高度，正因为此，课文质量的提高就显得更为重要，十二年二十四本语文书，选好课文，那对于一个不好读书的年轻人而言，高度和宽度是能够保证的，对于一个有着读书潜能的学生而言，这些好文章也可能成为他进入阅读世界的引导者。最重要的是，这是一件可以做到的事。

另外，好文章是否都适合作为课文也值得思考，课文是学生学习的对象，因此并不是所有好文章都适合。例如鲁迅，诸如《孔乙己》《祝福》《阿Q正传》这样上佳的短篇小说选入课文我是非常欢迎的，但鲁迅的一些杂文，且不评说其说理是否严谨，逻辑是否清晰，就他的语言而言，表达方式是比较独特的，并不适合模仿，比如我想如果我在作文中写道："假如作业也有灵魂的说"，定会有很大的机会被老师划出，批示"此句不通"。因此，这类文章是否应当（或许仅仅因为是鲁迅写的而）被选入课本似乎是值得商榷的。

学习语文到底是为了提高学生对语言文学的热爱，还是让青少年日益远离书本？从历史上创造过那么多文化高峰来看，我们中国人的文化基因是绝对不差的。因此请相信学生们的文化智商。文章好，他们看得到；思想高明，他们看得懂。

5. 课文与考试有何联系：学习课本的目的何在？

认真学了课本真的能提高语文成绩吗？就我个人的意见而言，如果从单纯的功利主义出发，那么对于提高成绩，认真地研究课本的每一个字还不如认真地做完一本质量较好的教辅书。因为课本几乎仅仅是规定了记诵的范围，除此之外，很难看出与试卷的明显联系。

如果我是一位热爱语文的语文老师，我一定不会批评教辅书，甚至会感谢它们，因为它们能让学生更快地明白如何考试，以便节约出更多的时间拿来学习真正的语文。或者对于读书，你读了千遍其义自现后的恍然大悟比看别人的文批来明白用处更大，但我不认为你做了千遍"这一段在文章中的作用"恍然大悟原来这么答，比直接知道应该答"在结构上起到了承接上文的……引出下文的……从内容上……”来得更有用。如果考试永远是这样，那我强烈建议每个学生在初一和高一背下一切答题的格式和思路，以此留给自己更多的读书和思考的时间。

课本和考卷是语文学习的两个风向标，两个风向标所指的方向不一致，这无疑是在增加学生的学习负担，增加学生和老师对于语文教与学的困惑，何苦为之？

6. 一种课本的态度

如果说现在我们中国的教育和欧美的教育有什么差距的话，从课本上就已经体现得一清二楚了。先抛开语文不说，我现在进入大学学习经济学已有两个月，我正在使用的《经济学导论》的教科书令我对中国的经济学教育感到担忧，欧美最经典的两本经济学教科书，萨缪尔森的《经济学》和曼昆的《经济学原理》都是经常进行版本更新的，萨缪尔森更是更新到去世时的九十四岁高龄，它们在注重基础的前提下始终密切关注着经济学的前沿问题，而我的这本导论，不但内容几乎就是萨缪尔森和亚当斯密等人书籍的拼凑（且并未注明引用），而且是近十年前出版的，从这一点就可以推断，两者培养出的学生的质量不可能相提并论。扪心自问，我们的语文教科书难道不存在类似的问题吗？这是一种态度问题。不明白老师们是不重视对中小学生教授语文，还是认为中小学生的理解力不足以理解语文这么深奥的东西，老师们对待中学生和对待大学中文系学生以及对待学者的认真程度是不同的，可是大学中文系学生不也是从中小学生来的吗？未来的学者大师们不也得从中小学生中出来吗？学者们对中小学生不够尊重，允许我说得感性一点，这些年来，我常常感觉到自己的理解力被侮辱了，从课文的水平到老师的态度，我的语文老师曾请来一些大学老师们给我们作诸如《红楼梦》的讲座，可这些讲座的内容如此“科普”，以至于我真希望说服自己不要如此失望。编写教科书的学者们是否把这种心态带到教材的编写中了呢？如果是这样，那我再重复一遍之前说过的话：请相信学生们的文化智商。文章好，他们看得到；思想高明，他们看得懂。

二、对课程目标的困惑：

我们到底要学什么？我们到底在学什么？

1. 语文老师的困境：全能还是无能？

有的时候，语文老师真的有些欲哭无泪。

你是语文老师你不熟读二十五史？你是语文老师你连写诗填词都不会？你是语文老师你看《韩非子》还需要注释？你是语文老师你没看过这本小说？你是语文老师你不懂书法？你是语文老师你不认识大篆小篆？你是语文老师你给我讲不了黑格尔？如果你回答，我不是历史学家，我不是诗人，我不是研究古典文学的，我也不是研究现代文学的，我不是书法家，我不是文字学家，我也不是哲学家。那，又要问了，你能教我什么？

你是语文老师你不教我做人处事？你是语文老师你不教我立志图强？你是语文老师你不对我的人品道德负责？如果你回答，我不过是语文老师，不管这些。那，又要问了，这些事你让我找谁去？

历史是不是语文？诗词歌赋是不是语文？哲学是不是语文？文学是不是语文？这都太难说清楚了，有时我们对语文老师在知识上和作用上的要求太过广泛，语文的范围被老师家长学生和社会共同延伸了。

那这种下意识的延伸是怎么形成的呢？是因为我们的课程表里对一些课程的缺失，虽然很多学生和家长没有意识到这点，但学生在成长过程中对这些东西的下意识的需求却促使他去寻找能够解决他问题的地方，而语文老师在此时则往往承担了或被寄希望去承担这一角色。

我们缺失哪些课程？从知识上来说，我们的中小学教育几乎不涉及真正的哲学，具体的历史（历史课程的内容太过空泛，给予了太多结论，而少了必要数量的客观事实），诗词曲赋的创作等等被认为属于现在学习为时过早的内容。从作用上来说，我们没有一门真正的修身课，没有课程帮助你在少年的梦想和现实间摇摆时鼓励你坚定志向，没有课程告诉你什么是责任和担当，没有课程告诉你什么是有意义的人生，什么是有价值的人。

用一句通用的话解释：这么大点谈论这些为时过早。真的为时过早吗？面对现实，有多少哲学家的思想的最初雏形是在青少年时期形成的？我们在马克思《青年在选择职业时的考虑》的字里行间难道看不见未来的马克思主义吗，那时马克思17岁。我们在阅读尼采早期的笔记的时候，在他教育妹妹“只有当一个人成为自己的主人的时候，他才能成为世界的主人”时，难道感受不到查拉图斯特拉在凝视吗，而这个“早期”的笔记开始时，尼采不到十岁。甚至说得更残酷一点，在没有特殊时代背景和个人天分的情况下，如果十八岁的时候还没有感觉到哲学或文学的魅力，如果十八岁还没有坚定的志向，再想去拥有，是不是有些太晚了？（当然我不否认，从任何时候开始学习都可能有所成就，这里仅仅从一个普遍的角度来讲）哲学，创造，独立的思想，文学的创作欲望，属于自己的志向，甚至是坚定的信仰，这些对于一个十八岁的高中毕业生来说真的早吗？然而，我们的教育从幼儿园，三岁，开始，一直到高三，没有这样的课程，能够在完全没有引导的情况下在这些方面自己启蒙自己的人是很少的，但有很多人，他们是愿意，并且假如有人去指导去解惑，是能够有所感悟的。于是当一个少年有了这一方面的需求和困惑，却无法自己解决时，这些期待和责任，由于没有明确的皈依之处，就落在了语文老师的身上，因为首先除了语文外，其他课程的教学范围都太明确了。其次，语文老师自己下意识里也很乐于承担这一角色，这样久而久之，就造成了上述的这一情况，即，有时语文老师显得很全能，而同时，由于并不是每个语文老师都在这所有的领域有所造诣，因此，有时又显得很无能。

如果在未来的很长一段时间里，我们的教育并不准备去填补这一系列的课程空缺，也就是说，语文老师们依然要在一门课的时间里力图去成为这种替代品，那么语文老师们应该怎么做呢？这是值得语文老师们思考的。每个语文老师都想成为课表上的不凡者，每个语文老师都怕成为学生心中的平庸者。作为一个学生，我没有权力提出要求，但我真的希望，为了焕然一新的中国青年们，语文老师们既然承担了，就要承担好这一责任。

2. 语文老师的无奈：学语文不读书？

从小学到高中，我读书的效率越来越低，从小学的能把一本很厚的历史研究书籍严肃地一字不落地看完，到高中的甚至三年都没有（从真正意义上）读透一本书，到底是为什么？是什么让我的阅读效率随着我年龄的增长越来越低？除了我个人的过错外，语文教育有没有一些责任呢？

不谈社会风气，不谈历史影响，就我们的语文课堂本身而言，可能存在着这样两个问题：老师对于自己学生的阅读量要求过低，语文考试对阅读量的要求同样过低。

在小学时，我说我看过《红楼梦》，老师很开心；在初中，我说我看过《红楼梦》，老师很开心；在高中，我说我看过《红楼梦》，老师依然很开心。一本书可以蒙人十年！而这本书不过是学习文学的最最基础的读物而已。可见，老师对学生阅读量的期望已经降低到了什么样的地步。然而，无限制的降低这一期望真的是语文课堂应该做的吗？

这仅仅是举一个例子，更普适的说法是，当一群学生中有一个相对于其他而言读过的书更多一些，那老师会或多或少地表示欣赏，而这个欣赏的依据仅仅是他比他的同学读得多，是从一个相对性的角度而言的，却没有考虑过，他的这个相对的多是否真的足够了，在他的这个年龄以他的才智，阅读量和思考量是否已经达到了极限，这就造成了很多愿意读书的学生在这种不理智的赞扬下反而达不到他们应该达到的高度。（当然，并不是每个人都会受到这种影响，我的一个同学就曾经做到过旁若无人，但这种旁若无人的半隐居的状态不是谁都达得到的。回想从前的十七年我浪费在自我满足上而本应该用在读书和思考上的时间，我是多么痛心。）这种无意的纵容培养了一种阅读的惰性，对于有着阅读意愿的学生尚且如此，更何况对于那些本来就没有自发性阅读欲望的学生们。

因此，虽然老师们可以说，学生不读书是个普遍现象，我又能如何？我想很少有语文老师没有感叹过现在的孩子们不读书，但老师们要注意，学生们来你这正是来学习如何读书的，因此任何人都有权力感叹“少年人不读书”，只有你们没有。

高中语文老师总是很愤怒，你们的初中老师都在干嘛？怎么什么书都没看过？初中语文老师也很愤怒，你们的小学老师都在干嘛？怎么什么书都没看过？小学老师更愤怒，你们的爸妈都在干嘛？

注意，从七岁到十八岁区间里的任何一个时刻，培养起读书的习惯应该都不算晚，而这段时期正是你们的势力范围，做这件事，也正是你们的义务。

老师们致力于在学生中间寻找读书种子，然而，作为语文老师，应该着眼的或者既不是感叹我班没有读书种子，也不是惊喜发现了一个读书种子，而是去思考，如何创造更多的读书种子。因为那些天生的读书种子，在没有上你的课之前是读书种子，在上了你的课以后依然是读书种子，那么他这个种子就和你的课堂无关，说得不好听点，上不上你的课有什么所谓，因此，对于这样的读书种子，你没有自豪的权力。而当哪天，一个腹中草莽的懵懂年轻人走进你的课堂，几年后，走出了一个正在拥有知识的读书种子，这才是你的自豪。教育的成功不在于这一代人中出现了一两个优秀者，而在于提高这一代人的平均素养，并力争让每一个学生都能达到自己的最好。天生的学者不需要过多的引导和干预，但大多数有读书和思索的潜质的学生是需要有人推一把的。

同样的，语文考试对学生阅读和积累量的要求同样过低，而这很可能助长了老师对学生阅读期望的不断降低。

我们用了太多的时间在干一些毫无价值的事，而这些大量的时间本可以用来阅读和积累。我们小学时，做了多少的“看拼音写词语”，又花了多少时间在订正和罚抄上？我们用了多少时间在为各种词语苦思冥想找反义词？我们又花了多少时间在“小升初”的考试训练上？这些时间我们甚至足够把《全唐诗》背下来了。

语文考试要求学生提高自己的分析能力、思维能力，提高自己的表达能力等等输出能力，却没有要求学生提高自己的输入能力。头脑中没有东西，你去分析什么？去思维什么？去表达什么？在现实中，不是每一个问题都会给你一段阅读材料，让你在这个阅读材料的范围内寻找标准答案，而是要用你的，真正属于你的知识去回答一切问题。即使是刻意地去联系一下课本，就现行的十二年中小学语文课本的阅读量和背诵积累，充其量不过能满足一个小学毕业生的读书需求，难道这就足够了吗？

想象一下，如果有一天，你去到国外留学，一个国际友人问你，什么是中国的诗，和外国的诗有什么区别，什么是中国的哲学，和外国的宗教有什么区别？你怎么回答？你有信心答好吗？

3. 语文老师的愤怒：为什么现在的学生不尊师重道？

在所有科目中，语文老师一定是对“尊师重道”的平均要求最高的。语文老师们恍惚之间总是存在这样的遐想，现今的语文就是当年“文武”两科中的那个“文”，而其他的诸如数理英地，不过是，用可爱的历史教科书的话来说，“列强用坚船利炮打开中国大门”后不得不增加的现代课程。然而，事实是，就现在而言（以后是否会改变且不论），至少对学生来说，语文不过是几门科目中普普通通的一门而已，甚至是鸡肋的一门。这一事实是语文老师们内心深处无法接受的，他们在学生心中并没有“本”的地位，而学生们花在外文上的时间都远远多于语文。同时，他们也就无法接受，在尊师重道方面，相比其他老师，他们也没有特权。假如说数学老师得到尊重的前提是难不倒的强大解题能力和一点即通的讲课，那语文老师也必须具备，诸如让人热血沸腾的课堂，似乎无所不知的广博知识，深入人心的文笔，宽广坚毅的胸怀与理想，或至少是拥有其中的一些，才有权力要求学生去尊重你。假如你一无所有，或是没有把你有的传递给我，那我为何要跟你走，凭什么不能用你既不能提高我学识，又不能坚定我人格的四十分钟来补充我被压榨的影响骨骼生长的睡眠呢？

记住，孔子的学生是因为尊重而成为他的学生，我们是因为被成为他的学生而被要求尊重，动机和目的完全相反。因此，即使不评说对错，也请不要再以春秋的“尊师重道”来要求现在的学生。如果要我尊敬你，请给我一个尊敬你的理由。

三、对考试的困惑

苏轼也是考出来的。为什么我们考不出苏轼来？

作为一个学生，对于考试可能很难做到客观公正的评价，因为我想从考试出现开始，可能就从来没有一个学生不认为考题有问题，特别是对于语文。正如《道德情操论》中所说，如果你设身处地地去幻想之后，认为自己不会像对方那样表现，你就不会对对方的这种表现感到同情。一个学生在设身处地地认真思考过一道语文题后，如果发现自己的思维和答案的思维不在一个维度上，也会很难真正从心底里对答案的思维感到认同。而语文，恰恰总是能有不同的但同时都有些道理的思路。以阅读理解为例，我可以说我不认同这种考试方式，我可以说我认为这种方式杀死了学生对文章的多样性理解，我可以说我和我的老师由于对不同学派和作家的偏爱程度不同，所以总是想不到一块儿，而我并不认为这是过错。这些都可以说得很轻松，但要解决，实在不轻松，如何把语文水平这种飘忽不定的东西以一种量化的分数的形式体现出来？确实很困难。如果取消阅读理解，仅留下背诵和作文，那又会出现很多新的问题，例如老师对作文评分的客观性如何保证。

因此，我不想对现行的语文考试发表任何像被压迫多年的奴隶对可恶的农奴制发表的那种愤怒的批判。我仅仅就两个个人认为是有可能改善的问题表述我的看法。

1. 作为中国人，为什么不能光明正大地学习古文？

我们为什么要学习古文？为了看懂？为了安慰自己我们没有忘本？心底深处是否觉得，古文没什么用又不能丢掉，完全是鸡肋？

为什么十二年的学习，大多数学生既没有真正明白英语，也没有真正明白中国本源语言？因为我们用方块字的思路去学习字母，用希腊人的语法在学习古文，所以不明白，也不会明白。

我们现在如何学习古文？先翻译成现代文，再一一对应地去学，多么可悲，这是学习一门外语的方式（甚至都不是最好的方式）。

什么叫明白一种语言？就是可以像阅读现代文一样舒服地去阅读它，写作它，表达它，且不论先秦的晦涩难懂，且不论魏晋的华丽辞藻，且不论元剧的动不动来个“也么哥”，即使是明清小说这类已经白话到没有更白话的中国文字，依然有不少同学表示，这是古文，我看不懂。

为什么会这样？

现在的语文把所谓的“现代文”和所谓的“古文”的界限分得太清楚了。从我们开始语文学习的那一刻起，我们就被强加以了这样的想法：“古文”是另一种语言，是一种难以理解的语言，我们不可能像理解“现代文”那样轻松地理解它。

扪心自问，明清小说真的比民国时的一些文章更“古文”？“举头望明月，低头思故乡”这是“古文”？“君不见黄河之水天上来”这是“古文”？“古文”？这是当年呼吁新文学的一代人对他们之前的文章的定义，因为他们要创造一种新的文学，所以他们之前的一切文学，都必须成为“古文”，而从现代的眼光看，这只是一个连续的发展的过程，而绝不是两个有着清晰界限的敌对阵营，正如即使楷书和隶书是两个字体，我们依然可以在欧阳询的楷书风骨里见到隶书的影子，“古文”和“现代文”是分不开的。

甚至，武断一点地说，学不好所谓的“古文”是几乎不可能学好“中文”的。为什么这么说？因为中华文字所表达的远远不止他所表达的思想本身，还有远远超出其表达内容的，汉语特有的美和文化。因此，看一个人的现代文，可以看出的不只有他的白话文水平，也同样看得出他的古文水平，没有古文的基础，你的文章可以写得好，但始终会缺少一种属于中国的味道，也就是翻译成英文后不会存在的味道。这种味道在写论文的时候或许不打紧，但一旦遇到任何带有抒情性的东西或表达性的东西，就会逐渐地暴露出来，而且，如果我们这么继续忽略下去，会一天比一天明显，因为你不真正理解一种文字，并对它怀有一种对其他文字所没有的热爱，那他不会心甘情愿地为你所用。当然，你可以质疑，民国的那些“大家”你怎么解释？他们要求新文学取代旧文学，不也创造了很多经典吗？那么请注意，有一个读者，甚至是他们自己都时常忽略了的事实，就是年轻的他们中的每一个都有着深厚的国学基础——我们现在的年轻人中几乎没有的国学基础——因此，他们自认为的推翻和重建其实恰恰是一种有基础的发展，而我们，只是听见了他们所呼吁的新文学，被告知“新文学取代旧文学是一种历史的必然趋势”，却忽视了这一“新”的基础。因此，在青年人对于古文的理解力得不到改善之前，文学的复兴是见不到希望的。如果这个理由有些抽象，那我再说一个更易于接受的理由，我们如果看不懂古文，就不可能和中国的大多数大家直接对话，你认为可以通过翻译？看白话本的名著翻译？那我用西方人的谚语回答你：“Translator is traitor（翻译者即是背叛者）。”正如鸠摩罗什所说：“改梵为秦，失其藻蔚，虽得大意，殊隔文体，有似嚼饭与人，非徒失味，乃令人呕哕也。”如果你想真正懂得，就别想依靠翻译，再好的翻译都不是作者本人，再好的翻译都有局限性，也就是说，你看到的永远只是某某人眼中的作者，你对这本书的理解也难以超出译者的束缚，外国的书籍那是无奈，我们不可能学会世界上的所有语言，但中国自己的书籍如果这样，那就是悲哀了。而这种悲哀的事实是否会出现，似乎就得看语文老师们的了。

我们为什么不能光明正大地学习古文。以中国人的身份学习古文。

2. 语文考试的时间是否能宽裕一些？

这仅仅是一个“过来人”对于语文考试的小小建议。

为什么我会有这样的希望？从最简单的角度说，是否发现学生们的字写的一代不如一代？有人说是因为不好好练字，有人说是被圆珠笔毒害了。好，我们自己的懒惰和不良商人的罪恶都承认，那怎么解释很多学生高三的字比小学写得还难看呢？作为过来人，个人愚见，语文考试的题量也是原因之一。对很多学生，语文考试（特别是平时的考试）时间还是比较紧张的，当然有人可以写字既快又好，但很多人在长期被迫写快，而且是在字体还没有形成的时候就被迫写快，是无法保证字的质量的。各位老师可以尝试一下，用四十分钟写一千字，并且还是在手已经相当疲乏的时候，看是否能够保持你字的水平。

从更深层的角度讲，紧张的时间压缩了思考的过程，整张试卷都是匆匆而就，一张试卷下来身心俱疲。中国文化本来是一种宁静悠远的文化，或者至少应该是深思熟虑的，但在十二年的考试之后，在学生们的印象里，它已经和快速阅读，快速记录，快速想出对策密不可分，一种背离文化特性的文化认识，这该令文化本身显得多么伤感啊。

是否可以放宽考试的时间呢？数学考试做得快可以体现你的熟练程度，语文考试做得快难道比一篇有思想的作文更重要吗？而且一百五十分钟（有的省市甚至是三个小时）是不是真的太长了。我们是否有可能，比如说，将语文考试分成两场（教育界似乎本就在讨论增加语文的分数），上半场基础考试，下半场作文？让学生有充分的思考时间在一张语文试卷上体现他们十二年的积累和思考。是否能有类似的解决办法，把语文考试从速记员考试中解脱出来呢？

四、对“语文”本身的困惑：语文的责任

我们说崛起和复兴已经很久了，我们的，不论是综合国力，经济，还是军事，也的确在不断地崛起，可为什么我们从来没有勇气说“我们在崛起”？因为我们的文化还没有开始崛起。

只有国力才能让世界严肃地对待我们，只有健康的经济和法律才能让世界需要我们，重视我们，同样的，只有文化才能让世界尊重我们。而如果没有文化，连我们自己都不会尊重自己。

直到几十年前，我们还有自信，因为我们相信自己的文化（且不评说其好坏），可现在，最令我们痛苦的就是，我们自己都不相信自己的文化了，自信从何谈起？这种缺失就像童年的缺失一样，是什么都弥补不了的，即使你的 GDP 再翻十倍，也同样弥补不了。

那么怎么办？人只有两个选择，“生存和死亡”，文化也一样。我们不能永远在游廊上踱步，逃避这种选择。而作为文化，至少是中国文化的基础，教育，是时候站出来了。

1. 我们如何解释“语文”：“语言文学”还是“语话当初五千岁，文章今后四百年”?

正如我前面所说的，现今的教育中，一些课程的缺失已是事实，现在的语文课实际在承担或被期望承担一些远不止“语言文学”的东西，这就造成了“语文”概念的扩大化。那，既然事已至此，我们究竟要选择怎样去定义“语文”这个可大可小的名词呢？是划清语文的界限，安于“语言文学”的解释，还是默认下这一范围的延伸，去担当“语话当初，文章今后”的责任？如果是前者，不甘平庸的语文老师们是否甘心？如果是后者，语文老师们是否同样乐意担当由此带来的对自身提高的需要？

当然，如果语文老师们选择前者，那也无可厚非，但作为学生，我们是多么的希望你们能够选择后者，因为“恰同学少年”对每个人而言都只有一次，我们承受不起这样的缺失，在或迟或早的未来，我们会为这种缺失感到不幸和痛苦。一个国家，甚至可以没有哲学，文学或艺术，但绝不能没有教育，因为有了教育，那些东西总有一天我们会拥有。

如果说之前两千年中华文化的底色是儒家，那也就是说，这个基础是教育。因为儒家的开创者，不管有些人如何以尊敬的名义曲解他，正如他自己坚持的那样，孔子首先是个教育家，我们的文化的圣人是个老师。不要认为这比之“我们文化的圣人是哲人或神祇”要低级，正因为他是老师，中华文化才至今没有断绝；正因为他是老师而不是神祇，在通达时我们才不至于过于崇拜和迷信他，而是在学习中继承和发展，赞同和批判，使得在和平时我们的文化能够保存和发展；正因为他是老师而不是神祇，在因种种原因我们的文化受到压迫时，他才不至于因为自己作为神的特权胆敢为人剥夺而一死了之，而会本着“达则兼济天下，穷则独善其身”的原则退居地下，因为他知道，作为老师，只要教好了一代代学生，那些妄想灭亡他的人，即使无法被同化，文化也一定能比他们活得长久，使得在危难时我们的文化同样能够保存并发展。

我们的文化得以不中断地长存，正是因为它的基础是教育。语文老师们，你们是否因此而兴奋？可也正因此，假如我们还想要文化的复兴的话，也必定要从教育下手。我们又是否做好准备了呢？

2. 纵向：扬弃，承前和继后的责任

每一个语文老师一定都记得这句话："为天地立心，为生民立命，为往圣继绝学，为万世开太平。"这句话曾让多少代人热血沸腾。

那我们今天的教育，是为了"为往圣继绝学"，还是为了"为万世开太平"？

我们并不清楚。

诚然，一个时代是继承的时代还是开创的时代，这不是个人可以左右的，但如果一个时代既忘记了承前，也没学会继后，它一定是民族历史的罪人。

历代既有以承前为己任，如孔子说自己是"述而不作"，或者说以述为作，也同样有要求全盘推翻，如民国的"全盘西化"，但结果是，我们既没有丢掉中国人的身份，也没有保持周朝人的礼教，因为这两类人一直同时存在着，在胡适作文要求"全盘西化"的同时，也有梁漱溟在继续儒学，正是在这个一推一拉中我们的文化保持了完美的平衡，又有《易经》这样的天才之作预言了这样的平衡，这正是中华文化超然屹立的骄傲资本。现在这些资本的未来落在了你的讲台下的学生们手里，文化不怕激进和守旧的冲突太过激烈，只怕既没有人传承也没有人开创。

在过去的几十年里，我们的文化失去了很多，但我们失去的，可以在未来的几十年里找回来，甚至在这一过程中还能额外得到更多。城墙倒了，找不回来；思想断了，可以再接起来。古建筑石碑倒了，重建是自欺欺人；尊严和自信丢了，找回来，还是尊严和自信。方块字的尊严和自信，我们在或刚毅或峻峭的碑林字帖里看见过，在代代士人的行间看见过，明天，我们一定可以再看见。五代十国几十年，文化人多少辛酸？元朝几十年，文化人多少辛酸？我们都把文化找回来了，如今我们依然可以找回来。只要我们愿意，只要你们讲台下的我们愿意，只要你们能让更多的我们愿意，作为一个语文老师。

但是，还有一件事，在我们思索是承前还是继后之前，作为刚刚经历了长时间的过度激情而被耗尽精力的文化，不论我们想要承前还是继后，在稍稍喘过气来之后，首先要做的，必须是直面现实的反思和扬弃，不然，什么承前继后都是废话。

没有什么比接受自己的过错更痛苦，但同样也没有什么比这更重要。

有些东西我们必须扬弃，正如我们必须继承另一些东西一样。如果一个经历过六七十年代的人去看看现在的部分所谓作文范文（特别是初中作文），如果熟背这些所谓范文的学生们去旧书摊上翻翻六七十年代的读物，他们会发现这两者之间是何其相似。

一个老俵给毛委员送来了一篮自家的鸡蛋，毛委员急忙说，这怎么可以，快拿回去。老俵执意坚持着！乘着毛委员不注意，他把那篮鸡蛋放下就跑，想着毛委员可以吃上鸡蛋了，他的心中多么喜悦啊！这天傍晚，炊事班长就要锁门离开时，看到一个身影走了进来，他放下了一篮鸡蛋，那是毛委员！这些应该留给战士们吃，他自言自语道。看着毛委员远去的背影，炊事班长的眼眶被感动的泪水打湿了……

如果把这段文字给一个学生看，他可能会感到有些好笑，但如果，把毛委员换成在傍晚轻手轻脚地给我送来一碗热腾腾的牛奶的妈妈，换成在我爬山爬不动了就要放弃的时候鼓励我的爸爸，是不是有些似曾相识呢？这样的文字或许就会被称为“学生腔”了，但这种所谓的“学生腔”的背后，或者正是我们还没有丢掉却没有意识到的大字报模式，或者说得直白一点，是“文革”腔。这种可怕的隐患不是一句“学生腔”就能够掩盖的了的。

为什么说这种隐患是可怕的，那是因为它的影响远远不是一篇学生作文那么简单。

第一，作文的这种，姑且称为“学生腔”，它并不会随着学生不再是学生而消失，这样教出来的人只会写这样的文章，在中考的时候他这样写，在高考的时候他也这样写，在此之后，无论是毕业论文，工作报告，宣传文稿等等，如果没有人给他洗心革面地重新教一次，他还会这么写。这样我们就可以预见，日后的一篇篇依然是“学生腔”的毫不学术的学术论文，依然是

"学生腔"的散文，依然是"学生腔"的"党八股"，这难道不是"作文后遗症"吗？

第二，我们的作文不鼓励写自己的真实感受，因为那"不保险"，久而久之，文章成为学生们表达真实感受的最后选择，而其他任何的宣泄渠道似乎都会更加驾轻就熟。这就造成了现今的现象，多少中国人在微博等公众平台上放肆狂言，以语言的出其不意和下流程度为资本，以批评和批判为日常活动，而一到需要他真正写点什么，反映点什么，署上他的名字表达点什么的时候，却又成了胆小怕事的谨慎人，这难道不也是"作文后遗症"吗？

由此可见，想要文学的复兴，改变"作文"的评判方式和学习目的是必不可少的。上海近几年来的非常优秀的高考作文题目或许正是一个很好的尝试。

文化的复兴就像一个亚健康的人重新找回活力，要排除毒素，保持已有的健康，并坚持锻炼，然后才能爆发出新的人生活力。而在这其中，语文教育要做的事是与之对应的，从学生开始学着扬弃，教会学生如何继承，引导学生思考什么是明天。

3. 横向：历史的借鉴，先有文化，才有国家

或许有的人在希望，世界正在向着一个共同的"太一"而发展，并相信世界真的会成为一个"地球村"。或者吧，谁能否认这种美好的可能性呢？但就今天而言，我并没有看见每一个国家都在真诚地向着这个方向走去。

二十年前，是什么灭亡了苏联，这其中是不是有一样东西叫做文化侵略？

如果说这一百年美国人把什么事做得最好的话，或者未必是人们所非常关注的，例如军事、航天、经济、创新等等，而是"文化输出"，输出美国人的"自由"，美国人的"轻松"。从某种意义上讲，苏联不是被美国的航母舰队航天飞机 GDP 打倒的，而正是被这种"文化冷战"。

让我们来看一看，当年的苏联和今天的中国，在面对这种"文化输出"时走的道路到目前为止是何其相似。

当年，美国人直言不讳，文化是他们的武器，CIA 创始人之一乔治·坎南曾说：“我们这个国家没有设立文化部，中央情报局不得不尽其所能来弥补这一缺陷。”并称文化输出是“软化敌人，为军事征服或经济渗透做准备，”今天，希拉里说：“只要充分地运用好美国的巧实力和软实力，美国就能完全掌握中国。”

英国前首相迪斯雷利说：“一本书的重要性可能并不亚于一个战役。”当年西方人将奥威尔的《一九八四》《动物农场》变相宣传，改编变成了冷战的武器（讽刺的是，这两本书正是我的高中英语老师带着推崇首先推荐我们读的英语读物），现在，好莱坞，苹果和美剧肩负起了这个责任。

美国人当年急不可耐地给予和苏联主流意见不同的帕斯捷尔纳克以及叛逃的波兰诗人米沃什诺贝尔文学奖，并称“给东欧和苏联诗人支付高额稿酬，哪怕是一首小诗也是如此，通过这种变相的贿赂鼓动他们叛变”。总之，一切你禁止的我就宣扬，你批判的我就推崇，并想方设法让你们的青年人知道并赞同我的推崇。之前的那些年，这不也是中国受到的对待吗？

看一看现在，几乎每一部美国电影都在或露骨或含蓄地抬高和赞扬美国精神，几乎每一部中国电影都在或露骨或含蓄地讽刺中国精神，几乎每一条中国新闻都在或露骨或含蓄地提醒中国人自己是多么的无聊，庸俗，没有道德。我们自己已经成为攻击自己文化的最有力的助手。

就这样看来，到今天为止，我们难道不是正在一步步顺从地走上别人为我们安排好的“道路”吗？中国人自己还在这个过程中不断地以辩护者的身份参合其中。在别人坐观我们被征服的时候，我们自己在干什么？我们在告诉学生们，每一个成功的人都是很笨的，他们的成功完全是努力的结果。我们在着力想出更多的不可思议的反义词和近义词，我们在让学生们罚抄课文，我们在让学生们分析主旨作用写作目的，我们在试图给放纵不羁的中文加上英国语法，并试图让它们显得有道理，我们还在致力于找学生们“谈话”，致力于要求学生们学会无条件地服从。这就是我们的文化规划吗？难道我们看不到这样无为下去的后果吗？

事实上，恰恰，就是今天，可以成为中华文化复兴的一个很好时机。的确，西方思想美式文化依然占领着世界，但在因为得心应手而放松警惕之后，它自己实际上也变得虚弱了。后现代，波洛克的抽象画，艾略特的诗和奥威尔的小说的实有力量不是批量生产的间谍、越狱、美式英雄、特工电影、情景喜剧所能比拟的，前者在借助外部力量的同时，也有着不俗的真实影响力，而后者，就显得徒具虚名而虚弱无力了。现在，即使是那些沉迷于其中的人也开始承认它的重复和无意义，而每个人的本能都是反感这些的，或许他们心底深处，也希望能有一种更真实的更有力的文化来改变自己。

通俗文化在用通俗攻占了世界之后自己也沦陷于通俗之中。而我们是否能够抓住这个机会？

在这个时候，我们的教育应该做些什么？

现在的社会环境（例如便捷而富有魅力的网络），是一个同时有利于培养庸人和才子的环境，因为既有足够的资源去供你消磨生命，也有足够的资源去供你摄取知识和真相，而这两者都是我们的长辈们在十几岁时不曾拥有的，我们可以完全不知道自己是不是活着，也可以比你们更了解你们的时代，只要有人愿意引导我们分辨对错真假。因此，80、90后必定是个两极分化的年龄段，学校应该起到什么样的作用？引导学生走向才子，还是推波助澜更多人成为庸人？

或许我没有资格去回答这些问题，但，如果容许我斗胆说出我的认为的话，我要说，教育要做的一切，就是在今天，用尽一切的办法，去引导更多的学生远离平庸，老师和学生一起，去提高文化的魅力，如果有一天文化的魅力超越了平庸的魅力，那我们什么口号都不用喊，我们的文化就已经复兴了。

附录：

现在青年的抗议和责任

杜柯言

正如任何一个时代一样，我们这代青年人受到了质疑。正如任何一个将要有担当的时代一样，我们要对这种质疑进行回应。

的确，我们有着可以被质疑的特点。你们可以说我们没有集体精神，只懂得独唱的乐趣，不懂得合唱的艺术。你们可以说我们过分自大，只以为自己无所不知，而拒绝倾听和仰视的能力。你们可以说我们活在自己的世界里，对外界的一切无动于衷。

的确，我们中的一部分沉迷于网络的虚幻，整日埋头于手机之中抬不起头来，我们中的一部分在无休无止而又极其相似的泡沫剧里虚度时光，为一个 FUCK 发出一阵空洞的笑，我们中的一部分连自己都不知道自己现在在干什么，自己曾经干过什么。

但是，你们不能说：中华文化将会毁灭在我们手里。

你们是否看见，同样正是我们这一代，拿起毛笔的人越来越多，热爱并掌握了古典诗词写作的人越来越多。在文化十年浩劫之后，全国会演奏中国古琴的人不过百千人，现在，一个城市学习古琴的 90 后就可能有百千人；在我们中间，有一本书也没有读过的人，也有熟读千百本书的人。我们对开学大会年级大会班级大会团组织大会班干部大会以及合唱大会未必感兴趣，但我们随时准备着在祖国遇到危难的时候上前报国；我们不认为只要是“前辈”说的做的就一定正确，但我们一定会尊重任何高尚的人，任何一个赤诚做研究做学问和生活的人，我们不愿意轻易崇拜一个观点，但我们在用大脑思考其对错；我们更愿意保留自己的思想世界，但我们的眼睛始终关注着这个世界，记忆着每分每秒。

因此，我们拒绝这种批判。那些以批判青年人为乐趣，那些替青年人感到你们自己认为的无奈和悲哀的不再年轻的人们，如果你们为了中国的文化传承替我们担忧，那么琴棋书画诗词曲赋文史哲儒释道，我们来聊一聊，看看我们中是否没有一个人比你更了解，因为我知道，真正的学问人是不会发出这种自以为是的无病呻吟的。

我可以向你保证，即使有一天中华文化毁灭了，也不会是毁灭在我们手里。

而我们更应该感到担忧的，是我们能否承当得起复兴中华文化的责任，因为它已经消沉的太久了，在 80 年代的诗歌、音乐、摇滚、电影之后，什么是我们的下一个高潮?

今天，我们站在那布满着裂痕的、用水泥重新接合但仍然无法掩饰其痕迹的石碑的面前，我们站在靓丽光鲜的曾经被毁去的亭台楼阁的复制品的面前，我们站在曾经被挖开又被合上的先贤的坟冢的面前，我们站在那些曾经属于我们但现在已经不存在了的文物的记忆的面前，我们站在曾经是我们最优秀而现在被几乎遗忘的文化的面前，我们会感到悲伤，但我们没有自责的义务，因为这一切不是我们的过错。

五十年后，如果那些石碑的裂痕清晰依旧，如果他们没有成为一座崭新的碑林的起点，如果那些自欺欺人的复制品光鲜依旧，没有被崭新的诗歌覆盖四壁，并因此成为他自己，如果那些坟冢依然是充斥着导游的景点，而它们上面没有崭新的槐柏不够粗壮却足够坚毅，如果我们的博物馆里还没有勇气为那些不存在了的文物展示它们的空缺，没有勇气开辟崭新的展馆把这五十年的历史平等而合适地摆放其中，如果我们不能在大雨中的圆明园面前悲痛但平静，那我们将不得不感到自责的义务，因为那将是我们的过错。

失去的东西不会再拥有，发生的事实不会再改变，只有明天是我们能够拥有的，而正是我们，是明天的所有者。

如果我们的祖先们曾经在祖国最危难的时候有这样的自信，说道，即使中国亡了，中国人不会亡，中华文化不会亡。我们怎能容忍有一天我们不再拥有这样的自信，甚至不得不说，即使中国不亡，中华文化只怕要亡。

我们不能容忍，也不会容忍。

等我们到你们的年纪，我们不会有你们的感叹，我们会用生命和历史证明这一点，也该等到这样的时候了，中华文明的历史已经对无事可写的等待厌倦了。

后　序

今晚，拿到这本书的清样，又一次一字一句读了一遍，决定自己写这个“后序”。

看到清样上编辑们修改的痕迹，很觉对不起，我有时候很爱在格式上创新一下，十几万字，被我折腾得东倒西歪，给他们添麻烦了。

2015年申报这本专著，申请了两次，才通过，非常感谢上海市第三届“双名工程”给予我们的机会，也感谢“双名工程”专家给予我的宽容。因为我自己都知道，我写的这些，没有什么深度，“整部书的主旨不够明确，是聚焦语文课程教学还是教书育人，是课堂管理还是教师素养？”这一点尤其明显。我也试图按照建议去改，但却总是无法把课堂教学和教书育人分离开，只好一改再改，保留了这些。

第一稿，我写了十八万字，但当我拿到《一个高中毕业生对“语文”的困惑和思考》一文后，我决定开始删减，把我认为凑出来的，连我自己都觉得可有可无的文章拿下，最后，剩下十六万字。这篇文章在我这本书的最后部分，是我感觉最值得大家读一读的文章。作者杜柯言是我女儿，是一个有些离经叛道的孩子，高中三年，我感觉自己越来越不了解她了，我这个当了二十几年教师的人，对她却没有办法，但我依然深深地爱着她。高考结束后，我们开始接受来到的一切，几个月后，她也成为一所普通大学经济系的学生。我们很少谈及那三年，都在刻意回避，也约定把有些事情先放一放，以后都冷静了再聊。在春节回家的列车上，我谈到想写一本语文教学方面的书，她很支持。第一次和我聊起了“语文”，没有想到，她其实很理解我们这些尴尬的语文教师，后来她提出：我给你写一篇文章，从学生角度谈语文。但有一个条件，除了错别字，不许修改。我答应了。三周后，一万多字的文章发过来了。我一口气读完，几乎不知道该说什么，给一个朋友看了，这个语文老师只说“如芒在背”。我如约一字未改，这些文字很值得看看。在这个时候，我决定把十八万字中的陈词滥调都删除。

我拿着剩下的十六万字，请黄玉峰老师写序，此时黄老师已经成为上海复旦五浦汇实验学校的首任校长，非常忙碌，一个多月后，收到了黄老师写的序。其实我是这样想的，黄老师一定不知道如何下笔，这本书实在太过于浅白了，真难为老师了，又不好拒绝我。这篇序，我看了几遍，也是不知道说什么，只是再次决定，把所有大家都在讨论的，把所有的过度表达都删去，因为我要对得起老师说的“这些文字仿佛一面面最纯净明亮的镜子，照出了杜老师作为一个语文教育者的形象”。这样一来，就剩下了这些。

自己读一读，觉得还是有点味道的，可能，也许，会有几个读者愿意把这本书读完，我就已经很知足了。

写这些的时候，我心里涌出一个念头，我要写一本《盘龙浦路 500 号的 365 天》，因为在复旦附中青浦分校这所全新的学校，我经历了太多的惊喜、无奈和憧憬，这里有许多志同道合的朋友，这里更坚定着我的教育理想。但我知道，自己最想完成的一本书，是一直在撰写的散文集《我从那里来》，不知道，有没有这么幸运，能有机会出版，和大家分享。

不能再说多余的话了，是为后序。

2017 年 4 月 12 日于盘龙浦路 500 号教师宿舍